寺社勢力の中世

——無縁・有縁・移民

伊藤正敏
Ito Masatoshi

ちくま新書
734

JN275791

寺社勢力の中世

——無縁・有縁・移民

【目次】

はじめに

ピラミッド、パルテノン神殿、秦《しん》の始皇帝陵……原始・古代の文明は世界のどこでも、宗教・呪術と一体のかたちで存在した。日本でも、縄文時代の土偶《どぐう》、弥生時代の鏡・玉・剣、巨大古墳、飛鳥・奈良時代の寺院……例外なくそうであった。文化とはすべて祭祀文化であり、文明とはすべて祭器と祭祀の場を作る文明であった。

現在われわれが知りうる最も初期の宗教は、王の神性に対する信仰である。(中略)人は神々と、その地上での代理である王を崇拝していたように思える。神々への崇拝が王への崇拝に先行していたと主張することはできない。多分どんな王も神なしでは、またどんな神も王なしでは、存在しなかったであろう。

(A・M・ホカート『王権』人文書院)

日本の場合も、宗教文明・文化を享受したのは、大君《おおきみ》は神にしませせば、といわれ、その身自らが神である天皇だった。

時代は移り、十二世紀には、天皇や院に対する公然たる批判が、貴族の日記に書かれるようになる。あるとき鳥羽院《とばいん》は藤原頼長《ふじわらのよりなが》に、自分の出生に際して神のお告げがあったという奇瑞譚《きずいたん》を語り、「朕《ちん》の生まるるは人力に非ざるなり」と述べた。神聖さの証明は、天皇家に生を受けたという血統だけでは不十分になっていたのだ。鳥羽院個人が神の申し子であるがゆえに神聖なのだ。この時代はもうすでに、皇族の自意識においてさえも、王であることすなわち神、ではなくなっているのだ。

中世になると、王権から、先端文明と先端文化の場である寺院・神社が分離した。多くの寺社《じしゃ》が武力を持ち治外法権をもって独立し、王権に従わなくなった。いわゆる「仏教の民衆化」の時代である。

後述の祇園祭《ぎおんまつり》がそうであるように、伝統文化といわれるものの大半は、中世寺社に起源を持つ。能の創始者の観世《かんぜ》は興福寺《こうふくじ》から出た。生け花は延暦寺《えんりやくじ》末寺の池坊六角堂《いけのぼうろつかくどう》で始まった。茶道・作庭……寺社は日本文化の発信基地であった。古代以来脈々と続く文化というのはきわめて少ない。南北朝時代以後、または応仁《おうにん》の乱以後の歴史さえ知っていれば、その前を知らなくても今日の日本文化はわかる、という説があるほどだ。

今日も生きている寺社文化のナンバーワンを一つだけ挙げるなら、それは「日本語」である。都市・未来・上品・大衆・商人・観念・道具・投機・脱落・知事・平等・機嫌・世間……ごく普通に使われているこれらの日常語は、どこから来たのであろう。答えは簡単、全部仏典からである。岩本裕『日常佛教語』(中公新書)を見ると、こんな言葉もそうなのか、と、その数のあまりの多さに驚かされる。では仏語を日常語にかえて今に伝えた媒介は何か。いうまでもなく寺院、正確にいえば、仏教の民衆化に携わった中世寺僧である。他方、建築技術を筆頭として、石垣普請・庭園築造から、弓矢製作・鉄砲生産・築城などの軍需産業に至るまで、先端文明もまた寺社に発生した。このことはあまり知られていない。日本文明と文化の大半は、古代王権からではなく中世寺社から生まれたのだ。

本書で詳しい説明をすることはできないが(説明すると「日本中世史大全」という本になってしまう)、皆さんの常識とは異なる以下の二つの学界の通説について断っておきたい。第一に中世の開幕とは院政《いんせい》開始(一〇八六年)の頃であり、鎌倉幕府の成立が中世の始まりではない。中世の終了は信長《のぶなが》入京(一五六八年)の頃で、これは常識と通説が一致する。ただし私の時代区分はこれとは若干違うので後述する。第二に、古代寺院は、「鎮護国家《ちんごこっか》道場」と呼ばれる国家の安全祈願の場であり、寺僧は朝廷に奉仕するただの役人であって、国家機構の一部であった。奈良時代の弓削道鏡《ゆげのどうきょう》は、公務員の立場を逸脱して、個人として権力を振ったに過ぎない。ところが中世寺社は古代寺社とも近世寺社とも全く異なる存在であるため、学界では、特別にこれを取り出して「中世寺社勢力」と呼ぶ。東大寺《とうだいじ》・興福寺・延暦寺・高野山《こうやさん》などは古代に創建されたが、中世には完全に変身を遂げた。一例を挙げると、要求を通すために仏神の威を背景に、百人から千人もの僧が朝廷に押しかけ、王権を威嚇する嗷訴《ごうそ》が起るようになる。中世では、公務員でない僧がほとんどとなり、僧侶個人でなく僧侶集団が力を持ったのだ。古代では到底考えられない事態である。このような存在は、寺社権力とでも言うのが普通だろう。だがこの集団は明確な組織を持っていない。ローマ法王のような長がいないうえに、一つ一つの寺社さえも内実はバラバラなのだ。統一されざる巨大……権力?……それで寺社勢力と呼ぶのである。

　次に簡単な社会の概念図をかかげよう。この図はわかりきったことのようで、しかし重要なことを物語る。最初にあるのは全体社会であり、国家が現れるのはその後だ。国家は、領域内の人々の全生活を管理できるわけではなく、またすべきでもない。国家とは軍事・警察・裁判権を核として、政治・行政をつかさどる機関にすぎず、国民生活全般をコントロールするものではない。一方、人々の生活が営まれる場、及びその営みのすべてを指して、「全体社会」と呼ぶのが普通である。全体社会は法や慣習が予測していない現象に満ち満ちており、国家の尺度で測ることはできない。その価値観をあてはめることもできない。常に「国家と全体社会は別物」ということを忘れてはいけない。けれども「国家=全

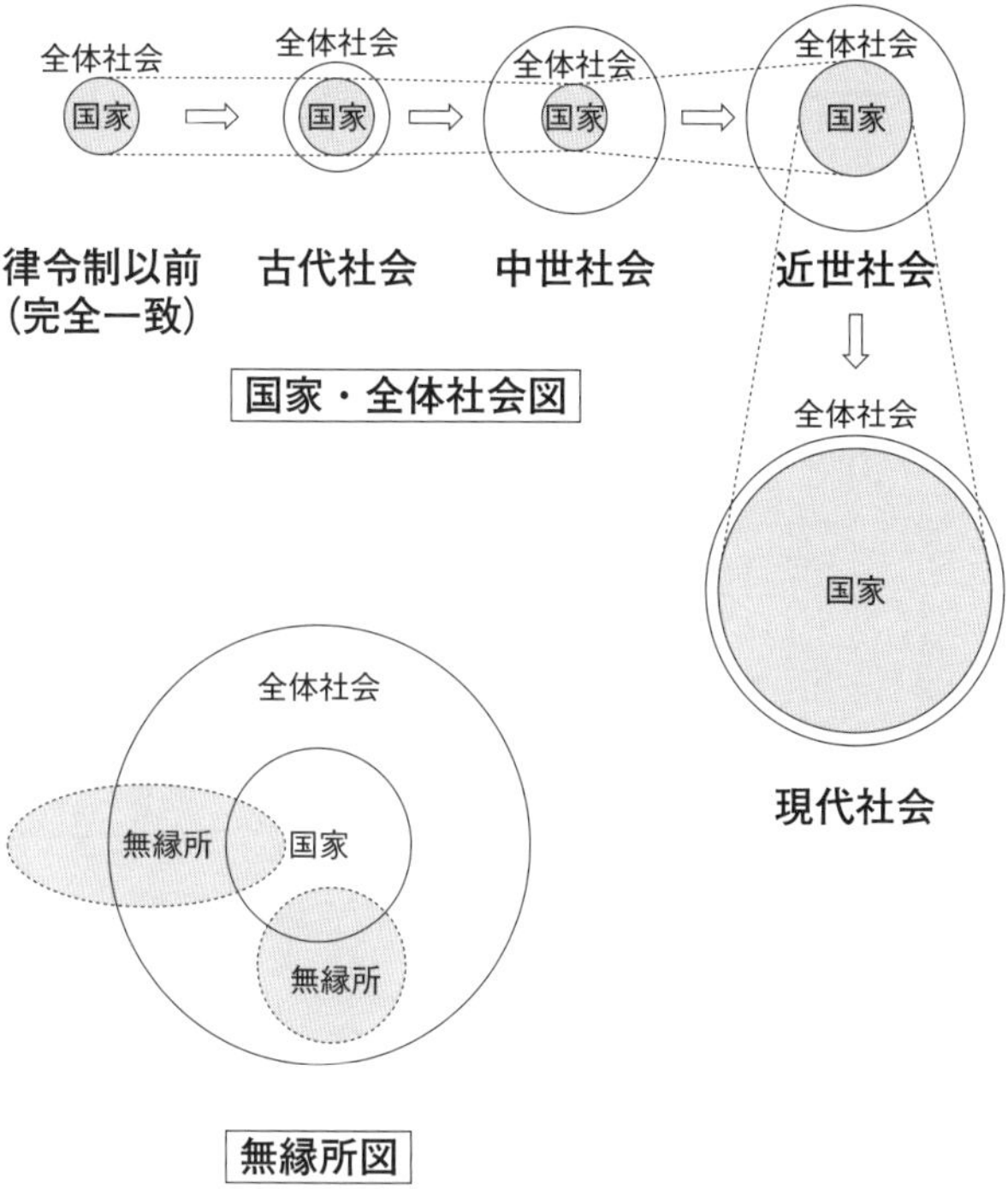

図１　国家・全体社会図と無縁所図

体社会」という図式は、実に陥りやすい思い込みで、こういう教科書的思考が頭にとってはラクなのだ。かくいう私自身ですら、ときたまここに流れがちだ。中世とは、全体社会の中において国家が占める割合が、最も小さい時代であった。なお原始の「国家＝全体社会」は、今日もなお幻想として生きている。これこそ政府にとって理想の美しい国なのだ。独裁者は、王であり神であり国家でありたいと思い、全体社会を支配することを切望する。民主的に選ばれた元首であっても、常にこうした国家への憧れを持つ。

現代も使用され、中世にも使われた「無縁」という言葉には、すべての人間関係が断ち切れ、個人と世間とのありとあらゆる縁が切れた状態、という意味がある。この「世間」には、個人対個人の人間関係ばかりでなく、個人対組織、個人対権力や個人対法という関係も含まれる。だから無縁は政治上の問題でもあるのだ。網野善彦の「無縁・公界《くがい》・楽」の学説をご存じの方もあろう。本書はそれを発展させたもので、無縁・公界・楽を一括して無縁と表現し、その場を無縁所、そこに所属する人々を、無縁の人、と呼ぶことにする。

国家を縁の世界である「有縁《うえん》の場」、全体社会を「無縁の場」、と一応考えてよい。だが必ずしも単純には行かない。二番目の無縁所図に目を移そう。無縁は国家と国家の外の全体社会の両方にまたがり、さらには全体社会の外の公海や外国にさえはみ出している。また無縁所と国家が重なっている部分（国家内）においても、国家の外にある部分と同じく、国家の警察権や法律が直接には適用されない。ここでは主従制や身分制などという「縁」の原理は働かない。一方ここは束縛のない自由の場なので、有縁の価値観より経済原理が生のまま出現しやすい。

中世は無縁所が無数にあった。南都《なんと》北嶺《ほくれい》と呼ばれる興福寺・延暦寺がその代表で、治外法権の場である（南都は奈良を指し、北京つまり京都に対する語、北嶺は京都の北にある峰の意）。またその活動は社会の営為、特に経済の重要部分を占めていた。延暦寺の領地は、北海道・沖縄を除く全ての都府県にあり、鎌倉幕府領よりずっと多い。これらは内乱の時などには拠点になりうるのだ。延暦寺・熊野《くまの》神社は国際的に知られた存在であった。

国家と全体社会の大きな乖離、全体社会の大きなコアであった無縁所の全盛、これこそが五百年にわたる中世という時代の特質である。

＊

鎌倉幕府の成立、南北朝内乱、戦国の動乱、天下統一、といった「歴史」になじんだ皆さんには、無縁所とか寺社勢力を扱う本書は、裏面史に見えるに違いない。だがそうではないのだ。歴史は、現在直接に目の当たりに見ることができるものではない。どうやって見えないものを復原するか、という技術的問題を考えてみよう。歴史を復原する資料のことを「史料」という。史料とは、事件のリアルタイムに書かれた文書《もんじょ》と、その直後に記された貴族の日記の二つだけである。文書は、命令書・契約書・借用書など、今現在〔その当時〕起きている具体的事柄について法的効力のある証書である。裁判なら間違いなく裁判所が証拠として採用する。公家の日記は感想文ではなく、後の政治の参考にするための記録であり、役所や会社の稟議《りんぎ》書《しょ》や議事録と同じである。当然証拠能力を認められる。「文書」の読みは「ぶんしょ」でなく「もんじょ」だ。こう読めば専門家のような顔ができる。

嬉しいことに現在では、文書・日記をインターネットで見ることができるようになっているのだ。源《みなもとの》頼朝《よりとも》関係の史料を見たいなら、「東京大学史料編纂所《しりょうへんさんじょ》」のホームページから、「データベース検索」→「データベース選択画面」(http://www.hi.u-tokyo.ac.jp/ships/shipscontroller)で、「古文書フルテキストDB」または「大日本史料総合DB」を選び、「頼朝」を検索すれば、漢文ではあるが文書の全文が見られる。これだけで、ともかくも専門家と同じ土俵に立てるのだ。古文書は難しくない。高校の古文や漢文よりはずっとやさしい。それらを学んでいない、または全く忘れてしまった人でも大丈夫。中国の故事や日本の古典の常識を知らなくても平気だ。私だってそれらは受験以来忘れている。もちろん、多少の読み方の訓練は必要だが……なお「大日本史料」の画面で「綱文」にチェックを入れて「幕府」や「信長」を検索すれば、ちょっとした年表ができてくる。

文書や日記は断片的にしか残っていない。だから歴史研究には、現在のところ不明な問題、解明したくても永久に解明できない謎が数多くある。史料にはずっと後世に編纂された「歴史書」と異なる記載がある。その場合「断片的だから」といって、絶対に文書を切り捨ててはならない。逆に編纂物のその箇所、ないし編纂物そのものを疑うべきなのだ。

人間は自分にとって都合のいい嘘を真実だという生き物だ。鎌倉幕府が作った編纂物の、『吾妻鏡《あづまかがみ》』が幕府自身を語っている部分、つまり吾妻鏡本文の記事は、そのまま信ずることはできない。だが研究の結果、吾妻鏡には、合戦の報告書など幕府の手許にあった文書、また公家の日記が、原文どおり引用されていることが解明された。『吾妻鏡』は本文でなく引用文、編纂のもととなった素材が貴重なのだ。

朝廷・幕府の文書は、ほとんど残っていないという事実を知ってほしい。今日まで残っている文書はほとんど寺社文書だ。朝幕の歴史を年表的に述べようとする時、五百年も後に編纂された歴史書や、ひどい場合には「物語」に依存することがある。これらは断片的ではなく、まとまりを持ち流れもある。名文でつづられていれば、歴史がわかったような気分にさせてくれる。特に英雄たちの生涯は、隅々までわかっているように思ってしまうものだ。不完全な年表では不安で、これに頼って空白を埋めたくなる気持ちもわかる。だが、真実は完全にはわからないものだ、ということを知らなくてはいけない。

後世のものによって構成された「歴史」と称するものは、腐りかかった素材に添加物を加えて、煮たり焼いたりした偽装食品なのだ。腐るとは時間が経ちすぎて同時代の記録が失われ事件の記憶が薄れること、添加物を加えるとは、ありもしない事実を挿入すること、煮たり焼いたりとは、編纂者に都合の悪い部分を除去したり変形したりする（曲筆）ことだ。

　ベスト史料は文書である。何しろ事件が起ったその時に書かれた旬の素材である。日記も文書に準ずる同時代史料で十分に賞味期限内である。旬の食材のうまみを味わう（真実を知る）なら、寺社に残った食材（文書）を、加工することなく食べる（読む）しかない。だからある意味で寺院史は楽なのだ。本書は文書と日記を現代語訳しただけの、いわば「表面史」だ。けれども、鎌倉幕府史はこの正統的な方法では全く不可能なのだ。何しろ幕府文書は火災や戦争によって、みんな失われてしまった。幕府史は「寺社の文書と貴族の日記」によって復原せざるをえないのだ。ただ寺院史としても、本書はおそらく最初の試みとなるであろう。なぜ今まで誰もやらなかったのだろう？

　本書のテーマは、無縁所論であり、寺社勢力論である。だがこれらが社会から孤立して存在しているのではない以上、国家と全体社会の盤根錯節《ばんこんさくせつ》とした絡み合い、有縁と無縁の相克、に触れずにすむわけはない。結局限りなく中世史大全に近づいてしまう。果たしてこんな大きな問題を、こういう基本的な方法だけで解ききれるものだろうか？

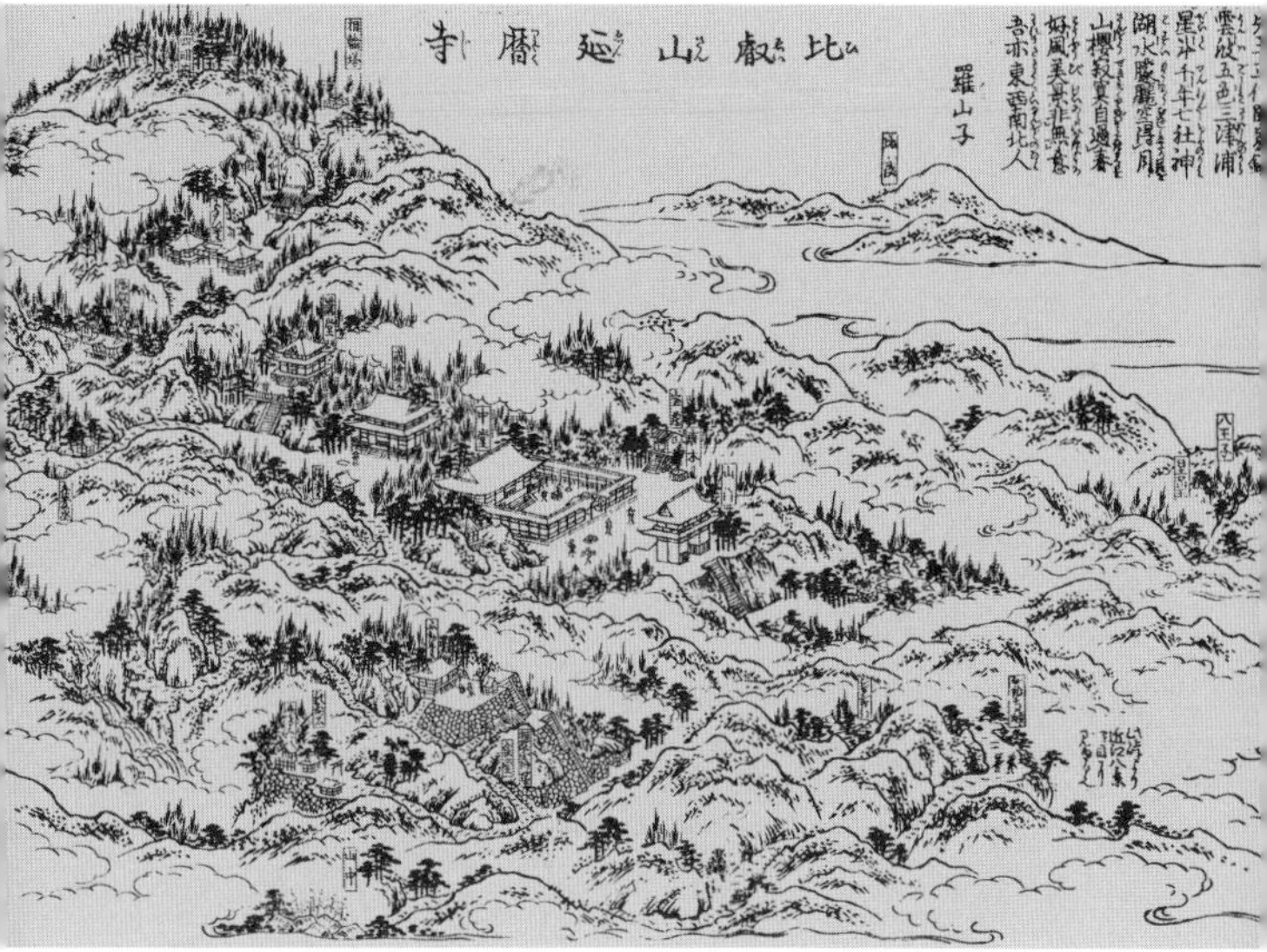

序章

無縁所——駆込寺と難民

比叡山延暦寺（『都名所図会』）
単に「山」と言えば、それは比叡山延暦寺のことだ。
中世の主役は、幕府でも朝廷でもない。

†もうひとつの『義経記』

一一八五年一一月二九日、後白河院《ごしらかわいん》は頼朝《よりとも》の代官北条時政《ほうじょうときまさ》が強要する守護・地頭設置を、貴族たちに「言語道断」と非難されながらしぶしぶ認めた。つい一ヶ月前、義経《よしつね》に頼朝追討宣旨《せんじ》を与えた責任を追及された院は、時政・土肥《どひ》実平《さねひら》・比企《ひき》朝宗《ともむね》らが率いる関東の軍勢を前にして、掌を返すように義経追討を決め、それを名目とした両職の設置要求に屈した。

これ以前の頼朝は、単に東国の実効支配を黙認されただけのいわば私的な存在に過ぎなかったが、これ以後は全国の警察権を握る公的地位に立つことになる。この時点における守護・地頭制度はまだ不十分なもので、権限も謀反人・殺人犯捜査などの重大犯罪のみに限られる。そもそも守護・地頭の名称自体定まっておらず、正確には惣追捕使《そうついぶくし》・総地頭という。けれども地方政権から全国政権への第一歩を踏み出したこの日をもって、鎌倉幕府の成立とみなす論者が多い。もっとも武家が警察権を完全に独占し、武力だけでなく行政府・立法府の機能を兼ね備えた本当の全国政権となるのは、足利義満《あしかがよしみつ》、さらに豊臣秀吉《とよとみひでよし》を待たねばならない。この大きなテーマについては、本書の最後で答えを出そう。

さてしかしながら、必死の捜査にも関わらず、所期の目的だった義経逮捕は失敗に終わった。警察権は十分機能しなかった。義経は一一八七年末までの約二年間、近畿地方を転々と隠れ歩き、最後は北陸道経由で平泉に逃れた。この間鞍馬寺《くらまでら》・吉野《よしの》などに潜伏した。室町時代以後に作られた『義経記《ぎけいき》』『勧進帳《かんじんちょう》』などの物語の述べる通りである。なぜ厳しい追及にも関わらず、彼は逃げおおせたのか。京都朝廷内部に同情者がいたことも理由の一つだが、幕府が直接捜索できない場所があったためである。というよりも、近畿地方は直接の捜索ができない治外法権の場所ばかりだったのだ。

一一八六年二月、朝廷は幕府とは別に義経捜索命令を出した。朝廷もまた依然として警察機構を保持している。命令先は大和・河内・伊賀・伊勢・紀伊・阿波の国司だが、それと並んで吉野金峯山《きんぶせん》と熊野《くまの》にも命令が下された。吉野・熊野は大和・紀伊にある。その境《けい》内《だい》や領地の警察権は、各々の国司や守護の管轄に属するのではないか、と思われるかもしれない。だがこの当時、有力寺社は国司の直接の検断《けんだん》権（警察権）が及ばず、朝廷にとっても治外法権の場だったのだ。したがって犯人捜査は、寺社の検断組織に委任して間接的に行うよりない。幕府・朝廷が無条件に検断使、つまり警察官を入れることはできない。たとえ謀反人の捜査であってもである。寺社の警察官立入り拒否権、当時の言葉で検断不《ふ》入《にゅう》（守護不入）の特権は、安土桃山時代まで維持される。潜伏情報を得ても、こうした間接捜査の手続きで手間取っているうちに義経は居所を変えてしまうのだ。

物語類が挙げていない重要な潜伏先がある。興福寺《こうふくじ》と比叡山延暦寺《ひえいざんえんりゃくじ》の二大寺院で、畿内の中心である。こんな目立つ場所では物語の舞台になりえない。寂しい吉野山中でなければ、逃避行の設定としてふさわしくないだろう。だがこの両寺における捜査状況が、歴史学が依拠する一級史料である摂政関白九条兼実《くじょうかねざね》の日記『玉葉《ぎょくよう》』と『吾妻鏡《あづまかがみ》』に、物語以上に生々と描かれている。「もうひとつの義経記」であるが、こちらのほうは史実なのだ。

後世「大和国守護職《しき》」と呼ばれ、この当時も大和盆地を支配していた興福寺で、聖弘《せいこう》という僧が義経を匿《かくま》っているという情報がもたらされ、比企朝宗らの軍勢が奈良に急行した。義経はすでに逃亡しており、武士は興福寺に聖弘の身柄引渡しを要求した。これに対し寺僧らは、興福寺の重要法会《ほうえ》、かつ国家的年中行事でもある法華会《ほっけえ》・維摩会《ゆいまえ》の二大法会が執行できなくなる、と拒絶した。国家安全を祈る祈禱、当時の言葉で鎮護国家《ちんごこっか》祈禱の最中だ、という寺院のいわば正論である。この拒絶によって、わざわざそのために守護・地頭を設置した謀反人義経捜索が遅れる事態になった。これは国政上の大きな問題である。

結局、興福寺が聖弘を捕えて朝廷に引き渡し、朝廷は彼を鎌倉に送り、頼朝自身が直接尋問することになった。尋問の模様が『吾妻鏡』でわかる。聖弘の声を聞こう。

自分は国家安泰のため、義経の平家追討に当たって勝利を祈願した。それから義経との師弟関係が始まった。義経が頼朝と対立した時、一旦は危険を避けるため逃がし伊賀まで送ってやった。その時義経に頼朝にわびるよう勧めた。そもそも関東の今の安全は義経の武功によるものだ。それなのに讒言《ざんげん》を聞き恩賞の地を取り上げるようでは、反逆の心を起こすのも当然ではないか。速やかに怒りを解き、兄弟の仲直りをはかるべきだ。和解さえできれば、国の平和はたちどころに回復できるはずだ。

勇気あるセリフではないか。捕えられ生命の保障もない状況での発言である。匿ったことを認めたうえでの発言である。敗者の正義を説き勝者の驕《おご》りを叱責する。初めて会った頼朝への諫言《かんげん》である。感銘を受けた頼朝は、彼を許したのみならず、父義朝の冥福のため建立した鎌倉の勝長寿院《しょうちょうじゅいん》の供僧《ぐそう》に任命した。事実のほうが物語以上に感動的である。

聖弘の言葉は正論といえば正論だが、政治の論理とは異質のものである。空気など読んではいない。時代は頼朝の覇権確立に向っている。にもかかわらず、世俗権力にも、時代にも迎合しないこの「無縁の論理」に注意しておきたい。

†山とは比叡山のこと

「花」といえば平安中期以後は桜のみを指す。では単に「山」と言ったら、どの山を指すか、というクイズがある。「世の中に山てふ山は多かれど　山とは比叡の御山をぞいふ」

で、比叡山延暦寺を指す。叡山は義経との通謀が疑われ、疑惑は半ば真実であった。

一一八六年六月に、悪僧《あくそう》の承意《じょうい》・中教《ちゅうきょう》・俊章《しゅんしょう》らに匿われて、義経が叡山に隠れていたことが発覚した。朝廷は延暦寺長官の天台座主《てんだいざす》に彼らの捕縛を命じた。対応は遅く中教以外は逃れた。座主は、捕えた中教の身柄を幕府に引渡すことを拒み、朝廷に渡すよう要求した。幕府に対する反感が見て取れる。叡山は独自捜査をしているから、別に義経に荷担しているわけではない。義経は、叡山にも、興福寺にも、吉野にも、追われる身の上なのだ。だがその捜査は、真の敵である幕府よりどうしても甘くなるし、幕府から見れば怠慢に見える。頼朝はこれを遺恨とし、一一八九年二月、奥州藤原《ふじわらし》氏攻めの直前、院に使者を送り、義経シンパの公卿《くぎょう》の解任を要求するとともに、「こちらの情報によれば、山僧《さんそう》が比叡山山上に大量の弓矢や太刀を不正に蓄え、朝敵義経に同意し通謀している」と叡山を非難した。ここに「山僧」という言葉があるが、単に山僧・山徒《さんと》と言えば比叡山僧、「山門」は比叡山のことを指す。単に「寺《てら》」「寺門《じもん》」と言えば延暦寺の仇敵園城寺《おんじょうじ》を指す。

一一八六年時点に戻ると、寺による捜査が手ぬるいと見た頼朝軍の土肥実平は、叡山そのものを朝敵とみなし、兵を集めて山上に攻め上る態勢を整えた。叡山の不入権が迎えた最初の危機であった。同じ頃、紀伊国の高野《こうや》山金剛峯寺《さんこんごうぶじ》にも義経一味蔵匿の嫌疑がかけられ、武士を高野山の麓に派遣して僧らを脅し、聖弘と同様容疑者を、信仰上の師匠という立場で、匿っている僧侶に命じて、その責任で身柄を差し出させる、という方針が出された。ただし武士が高野山山上に攻め登ってはならない、と縛りがかけられている。叡山と同様の間接捜査を催促し、念のため寺僧に武力を見せつけてプレッシャーをかけたわけだ。

比叡山攻撃は、頼朝の義弟で六波羅探題《ろくはらたんだい》の前身機関、京都守護の職にあった一条能保《いちじょうよしやす》の決定で回避された。能保つまりは頼朝が攻撃を逡巡した理由はなにか。またもしここで戦闘に突入したら幕府はすんなり勝利を収めえただろうか。それは徐々に述べていこう。

三人の悪僧の一人、俊章は武蔵坊弁慶《むさしぼうべんけい》のモデルである。彼は年来義経と親しく、その没落後、数日間自分の住坊に匿い、部下を率いて陸奥まで送り届けた。さらに京都に帰った後謀反を企んだ。逃避行の際、義経は妻を伴い、一行みな山伏や児童に仮装していた。以上は『吾妻鏡』一一八八年一〇月一七日条の記述による。

南都北嶺《なんとほくれい》などの寺社は、別に頼朝方とも義経方ともいえない。寺社は国家の内部にあって、その安泰を祈願するのが本務である。だがその半面、ここでは第三者のような、中立国のような立場に立っている。政治に左右されつつ、政治とは一定の距離を置く。敗者に寛容で彼らを拒絶しない。義経、さらに多くの敗れた人々にとって、寺社という場は優しい空間であった。義経は「朝敵」「謀反人」のレッテルを貼られたが、これは彼が政治上の敗者であることを意味するに過ぎない。頼朝が正義で義経が悪、などと決めつけることは誰にもできまい。聖弘はそんな見方をしていない。あるいは政治家頼朝も……

†無縁所は世俗そのもの

敗者や弱者が逃げ込める場所はどこかにあるだろうか、あるとすればそれはどこだろう。読者は、駈込寺《かけこみでら》・縁切寺《えんきりでら》を想起するかもしれない。江戸時代、鎌倉の尼寺の東慶寺《とうけいじ》には、当時離婚権がほとんど認められていなかった妻たちが、夫の暴力に悩んだ末に救いを求めて逃げ込んだ。宗教施設は救済所の性格を持ち、束縛を断ち切って駈込むことができる優しい空間である。ただこうした言い方は一面的すぎて、美化され聖化されるおそれがある。疑惑を持たれた政治家が駈込む病院、などというのもその一種かもしれないのだ。

中世ではこのような無縁所が江戸時代とは比較にならないほど大きかった。避難所の数も多ければ受け入れた人々も幅広い。挫折者、傷ついた人々、政治的・社会的な敗者・弱者、悪人・謀反人、地獄に堕《お》ちる罪を犯したとされる人々さえも、天皇から乞食・被差別民まで、貴賤を問わず懐に入れた。生まれながらの敗者である貧困者・窮民ですら、選ぶことなく受け入れたのだ。もっとも駆込めば最終的に安全が保障されるというわけではない。無条件には追捕《ついぶ》（逮捕・処罰）されないということを意味するに過ぎない。義経も時間を稼ぐのが精一杯であった。しかしこの事実を軽く見ることはできまい。

義経一行は山伏に身をやつしていた。山伏は全国を回って生活するが、形式上は吉野・熊野などの無縁所に所属する身分であり、たとえ公共の場所にいたとしても、基地である無縁の場と同様、公権力の検断権が直接には及ばないことになっていた。これが「無縁の人」である。義経はそれを装ったわけである。

寺院・神社は仏神に守られた聖地であり、駈込寺にふさわしい世俗を超越した中性的な空間のように思う人がいるだろう。だがここまでの記述だけから見ても、実態はまさにその正反対である。公家の日記というと、退屈な儀礼の記事ばかり、たまに朝廷の政治記事が記されている書物というイメージがあるだろう。だが平安時代の『中右記《ちゅうゆうき》』『台記《たいき》』『玉葉』から南北朝時代の『円太暦《えんたいりゃく》』まで諸日記を読んでみると、記事の半分は寺社にからむ紛争である。特に京に近い叡山の嗷訴《ごうそ》や内紛の記事が圧倒的に多い。公家にとって寺社勢力の問題は、いつも政治の中心課題なのだ。藤原定家《ていか》の『明月記《めいげつき》』にしても、和歌は非常に少なく、こうした記事に満ちている。南都北嶺・高野山・吉野・熊野などの寺社は、大荘園領主であるとともに武力をも保持する大勢力で、公家に脅威を与えていた。「駈込寺」は、武器を蓄え武勇を誇り、莫大な富を集め栄華を誇る。寺社は勢力どころか、鎌倉幕府と同様の、地方権力にすら見える。無縁所に初めてスポットライトをあてた歴史家の網野善彦は南都北嶺を無縁所と見ていないが、それには十分な理由があるように思われる。皆さんの中にも、東慶寺のような隠遁所こそが、無縁所にふさわしい。そう思われる方が多いのではないだろうか。

†migrant 移民の歌

別の角度から無縁所の問題を考えてみよう。江戸時代の駆込寺は、そこで何年か身柄を拘束され、その間すべての権利を剝奪される刑務所を思わせる施設で、解放の場と言うにはあまりに陰惨である。非常事態に際して駆込む場であるから当然と考えられなくもない。経済活動、まして政治活動などは絶対に許されない。だが中世の無縁所は駆込寺と違って拘束とはほど遠く、逃れて来た「故郷」、貴族・武士・民衆社会より、ずっと多くの、考えようによっては無限の自由があったのだ。駆込みという消極的側面ばかりから無縁所を見ると、無縁の場がごく狭い範囲に限られてしまううえ、その積極的な部分が説明しがたくなるのだ。「公界《くがい》」（苦界）が際だつばかりで「楽」の部分が見えない。

無縁の問題は、駆込みという視点だけでは解けない。和英辞典で「無縁」を引くとforeignという言葉にヒットする。駆込みを亡命になぞらえたのは桜井英治だが、それを一歩進めて、国内移民、さらに広く国外移民や難民にたとえるのがより適切である。

現状と縁を切って、故郷を離れ東京に新天地を求める人々は少なくない。セカンドチャンスをアメリカなど海外に求める人々についても、類似が認められるだろう。縁切りという行為は、閉ざされた避難所への駈込みだけに限られるわけではない。未開のフロンティアへの移動もあるし、開発された都市部への移動もある。政治亡命者より経済難民のほうが多いのだ。

国内移民は migrant という。辞書で引くと「出稼ぎ」であるが、それとは別に次のケースでこの言葉は使われた。アメリカ文学の最高傑作、スタインベック『怒りの葡萄《ぶどう》』は、一九三四、五年にオクラホマとその周辺を襲った干魃《かんばつ》と砂嵐、いわゆるダストボウルに追われて故郷を捨てて西海岸に逃れ、収穫期には果物を摘み、それ以外の時期にはテントや車に住んでいた難民のルポである。あまりにも多数にのぼったため政治問題になった。さらに一九二〇年代に、差別の厳しい南部を離れ、工場労働者として北部に移住した黒人、これらは無縁の問題を考察する時に見落とすことができない。ニューヨークの人口は、十年で五万人から三十万人以上に増加した。シカゴブルースなどの文化も生まれた。

移民 immigrant の国アメリカ、三代前の先祖さえ不明な流れ者の街東京、縁切りと都市、都市の輝きと暗黒、無縁所は決して安住の地 haven ではない。むしろ過酷な再出発の場である。

移民の事情はそれぞれ異なり、移民先での生活も様々である。ただ移民という動きは民、族移動とは異なり、個人もしくは家族単位の移動である点に注意しなければならない。災害・貧困・失敗、何らかの意味で縁の世界で行き詰まった人々が移民となるのだ。

「母国」の保護もなく束縛もない「駈込人」たちは、どのように自らを再生しようとしたのだろうか。共同体を飛び出して自由に行動する、とか、限りない自由の場で飛躍するといえば聞こえはよい。だが中世では……いやいつの時代だろうと、ただ単に束縛を離れて自由になるということは、ただちに餓死の危機に直面するうえに、攻撃されても誰も守ってくれないのだ。「自由即死」、自由はすなわち死を意味する場合がほとんどだ。試しに今ただちに、家を出てみればわかる。生き延びるため、また成功するためには、幸運と個人的実力が必要だから、結局、無縁の場は自由競争の世界であり、弱肉強食のジャングルの掟の支配下にある。敗れて死んでいった人のほうが多いはずである。

　移民・難民のたとえが比喩の域にとどまることは明らかだろう。無縁所は外国ではない。主として京都周辺、朝廷・幕府と日常的な接触があるところにありながら、国家権力が及ばない。この場の存立を保障した寺社勢力は想像を絶する強力な存在といえる。国家から独立して、このような異質な第三勢力が存在したのは唯一中世のみである。

一章
叡山門前としての京

現代の祇園祭（2004年7月17日撮影。提供：毎日新聞社）
中世寺社勢力、無縁所は、神霊や疫病への畏怖と、民衆の熱狂によって支えられていた。祇園祭はその代表であり、その伝統は今日まで続く。

1　中世京都案内

†中世の京とはどこか

鎌倉幕府が成立しても、鎌倉が日本の首都になったわけではない。戦国時代まで、京都はずっと首都であり続けた。二十万といわれる他と隔絶した人口規模、政治・経済・文化の中心地、京はあらゆる面で卓越した地位を保持していた。戦国大名が京をめざしたが、もっと多くの難民・移民が京をめざしたのだ。京の歴史はそのまま日本の歴史、と言っても過言ではないだろう。

無縁所も京の周辺に集中している。本章の舞台である中世の京を一廻りしておこう。まず認識してほしいことは、かつて鴨川の西にあった平安京は、完全に消えてなくなってしまったということだ。内裏・大内裏が荒野になったが、それだけではない。都市そのものが根本から姿を変えた。宅地はもちろん大路・小路さえ廃絶して多くは田畠となり、わずかに残った大路・小路の路面には、民家や田畠がはみ出して道幅を狭めた。

地図（三五頁）に目を落とそう。平安京の東限だった東京極《きょうごく》大路の一本東に、新しく、今朱雀《いますざく》大路（東朱雀大路）ができた。場所としては鴨河原《かもがわら》の真ん中にある。この道は近衛《このえ》朱雀にある摂関家の氏寺《うじでら》、法成寺《ほうじょうじ》の南大門に発し五条坊門《ぼうもん》まで続いていた。それ以南にも伸びていた可能性がある。今朱雀とは「今」の「朱雀」、当時の人にとって「現代の朱雀大路」であり、中世の首都のメインストリートと位置づけられる。朱雀とは陰陽道で南方を意味する言葉だ。藤原道長の側近だった安倍晴明《あべのせいめい》ら陰陽師《おんみょうじ》の命名である可能性が高い。

鴨河原は法的には鴨川西岸の堤防から、大和大路までの帯状地帯を意味する。だが洪水危険地帯はこれより西まで広がっており、東洞院大路あたりまでは河原と同じである。

地図には現在の鴨川の河川敷が書いてある……一応。だがこれは、現在の京都市街との比較のための参考、と思ってほしい。鴨川の流路は一定せず、東洞院大路と大和大路の間の広い範囲を、季節により時代により、広くなったり狭くなったりしながら、行ったり来たりしている。陸地のように見える所も、この範囲の中で住宅地になったり田畠になったり、流失したりを繰り返す不安定な土地だ。鴨川の現在範囲にとらわれてはいけない。

中世京都の西半分は、洛中《らくちゅう》と呼ばれる。堀川小路以東高倉小路以西の平安京の東三分の一にあたる。東半分は、鴨川西岸の堤防から祇園社・清水寺《きよみずでら》のある東山《ひがしやま》までの地で、「河《か》東《とう》」「辺土《へんど》」「洛外《らくがい》」などと呼ばれる地域である。中世の京は、平安京が東に半分スライドした街と思えばよい。河東には、三条・四条・五条大路の延長上に、それぞれ三条大路末・四条大路末・五条大路末、と呼ばれる道路があった。三条大路末は、院政の舞台、白河の南を経て当時日本一高い建物だった法勝寺九重塔《ほっしょうじくじゅうのとう》の前を通り、粟田口の坂道を経て東海道となって叡山・園城寺の門前大津に向う。馬借《ばしゃく》が引く大津馬が行き来する。馬借とは物資を馬で京都に搬入する運送業者で、京都人の生活に不可欠の存在だ。これを支配するのは延暦寺だ。祇園社の鳥居は鴨川の西側にあり、今朱雀に面している。四条大路末はここに発し、四条の橋を渡って、祇園社の西大門《さいだいもん》に通ずる参道である。五条大路末はやや南へゆがみながら、清水坂となって清水寺に至り、峠を越えて東海道に合する。興福寺の末寺だった清水寺には、車で物資を運ぶ車借《しゃしゃく》が多く、叡山の馬借と対比される。

伝聞なので参考史料にとどまるが、イエズス会宣教師は、「京の人口は、洛中九万八千、洛外十万八千」と言う。東西ほぼ匹敵する。中世の京は鴨川の東西に開けた都市であった。

京の南北の範囲も変化した。中世の京は、北は一条以北に延びたが、南は七条まで縮小した。七条以南は人家が途絶え、旧平安京九条にある東寺はもはや京とはいえない。旧朱雀大路も中世では京ではなく、その外というのが正しい。他の大路の二倍、五十一メートルの幅を持つ二条大路は大きな空地である。これを境として洛中は南北二つの町に分断される。二条以北を上京《かみぎょう》（上辺《かみわたり》）、以南を下京《しもぎょう》（下辺《しもわたり》）という。大ざっぱにいえば京は、上

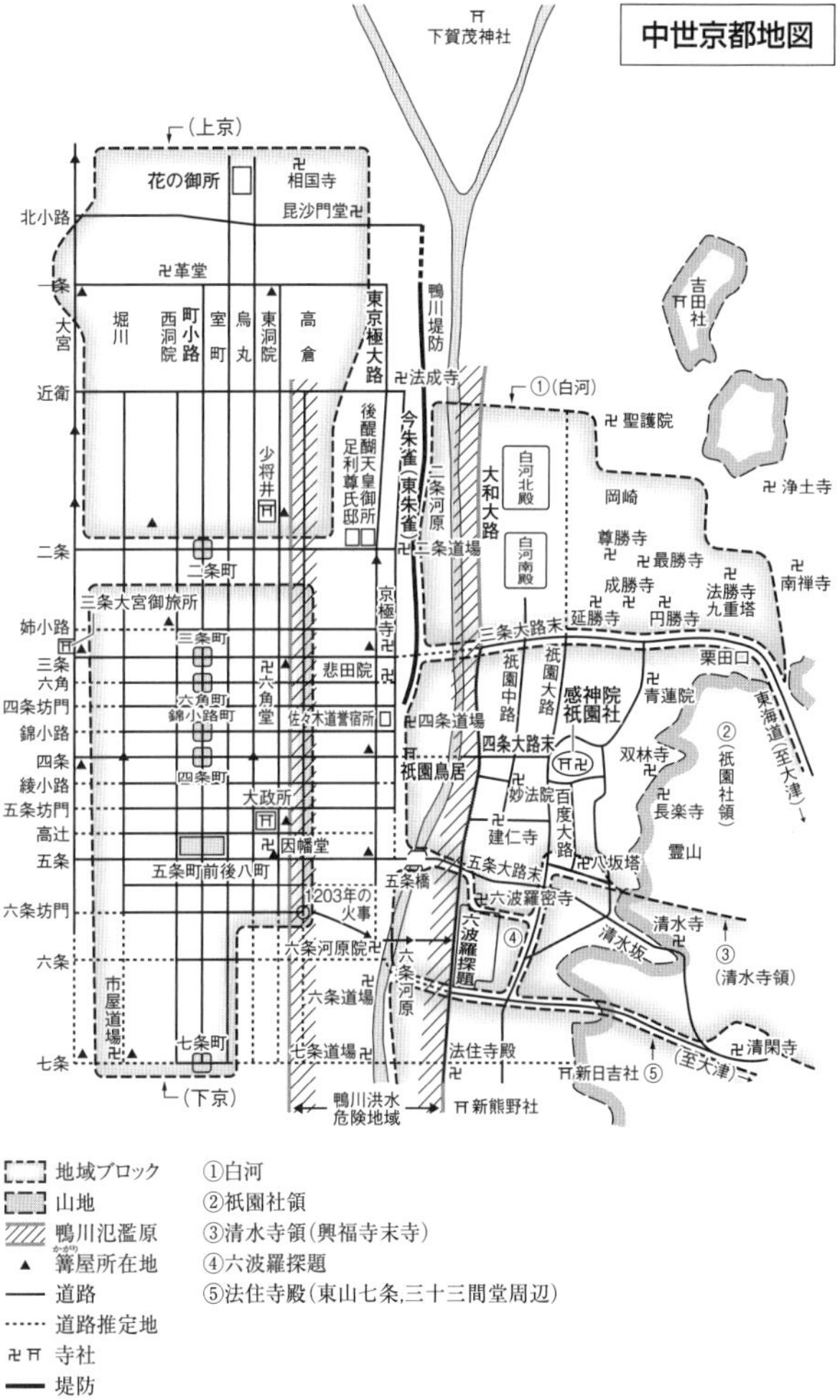
中世京都地図
下賀茂神社
(上京)
花の御所
相国寺
毘沙門堂
北小路
革堂
一条
大宮
堀川
西洞院
町小路
室町
烏丸
東洞院
高倉
東京極大路
鴨川堤防
法成寺
①(白河)
聖護院
吉田社
浄土寺
近衛
後醍醐天皇御所
足利尊氏邸
少将井
今朱雀(東朱雀)
二条河原
大和大路
白河北殿
白河南殿
岡崎
尊勝寺
最勝寺
成勝寺
法勝寺九重塔
南禅寺
延勝寺
円勝寺
二条
二条町
二条道場
三条大宮御旅所
京極寺
姉小路
三条町
三条大路末
粟田口
三条
六角
四条坊門
錦小路
六角町
錦小路町
六角堂
悲田院
佐々木道誉宿所
祇園中路
祇園大路
感神院祇園社
青蓮院
東海道(至大津)
②(祇園社領)
四条道場
四条大路末
双林寺
四条
四条町
祇園鳥居
綾小路
妙法院
百度大路
長楽寺
五条坊門
大政所
建仁寺
高辻
因幡堂
霊山
五条
五条町前後八町
五条橋
五条大路末
八坂塔
六条坊門
1203年の火事
六波羅密寺
清水寺
六条河原院
六波羅探題
④
清水坂
③(清水寺領)
六条
六条河原
六条道場
市屋道場
七条町
七条道場
法住寺殿
清閑寺
(至大津)
新日吉社 ⑤
七条
(下京)
鴨川洪水危険地域
新熊野社
地域ブロック
山地
鴨川氾濫原
篝《かがり》屋所在地
道路
道路推定地
寺社
堤防
①白河
②祇園社領
③清水寺領(興福寺末寺)
④六波羅探題
⑤法住寺殿(東山七条,三十三間堂周辺)

京・下京・河東の三つの都市の複合体である。ただ南北朝時代の上京はまだ小さく、ここが発達するのは、一三七八年、足利義満《よしみつ》が幕府を花の御所に移転してから以後である。

†幕府の検断権が及ぶのは京都の一部だけ

鎌倉幕府は、天皇・内裏・京を守る義務と権利を持つ。これが唯一の正統性の根拠である。これがなければ幕府はただの暴力集団だ。よく知られているように、京都大番役《おおばんやく》は幕府成立直後に始まったが、鎌倉番役はずっと遅れて承久《じょうきゅう》の乱後の一二二五年に始まる。前者は幕府の公務、後者は私事だ。では幕府が治安を守る責任を負う「京」とはどこか。実情に合わないが、原則として旧平安京部分、つまり東京極大路以西に限られる。古代の王城の観念が残っていたこともあるが、河東の祇園社と清水寺の既得権を崩せなかったのだ。

河東は次の五地区に分かれる。北から、

①白河　院政政権の本拠地である。ここには、「国王の氏寺」と呼ばれた法勝寺《ほっしょうじ》・円勝《えんしょう》寺《じ》・尊勝寺《そんしょうじ》などの「勝」という字がつく六つの寺、六勝寺《りくしょうじ》がある。

②祇園社領

③清水寺領（興福寺の末寺）

④六波羅邸とその周辺（鎌倉幕府の京都出先機関、六波羅探題）

⑤法住寺殿《ほうじゅうじ》（東山七条、三十三間堂周辺の院御所）
このうち鎌倉幕府の警察権が及ぶのは、まず④、続いて院の御所がある①⑤であり、②③は不入地である。

中世の検断権については、今日の常識では測れない別の重要な問題がある。幕府の検断権は不完全なものなのだ。当時の金融業者である土倉《どそう》は、盗賊に対して自力で戦い、実力による債権取立てを行った。前者はともかく後者に正当性があるだろうか。今日なら、権利そのものは正当であっても、強制執行（私法上の請求権を判決など国家権力の力を借りて間接的に実現すること）によらない債権者の自力による債権取立ては否定される。ここが今日の司法・警察と最も違うところなのだ。中世国家がこの私的取立てを妨げることは決してない。洋の東西を問わず、中世は自力救済の時代といわれる。耳慣れない「自力救済」の内容がこれである。政治権力は政府の安全を脅かす暴力を取り締まるだけで、それ以外の治安問題には「関知しない」のだ。庶民の殺傷事件など〔今日なら当然刑事事件だが〕事件扱いされない。身分の高い者が当事者であっても、純然たる私的債権取立は警察の責任範囲と考えられてはいない。警察権の埒外《らちがい》なのだ。万一こういう債務者が被害者として法廷に出訴しても、幕府も朝廷も門前払いにする。たとえは悪いが、ネコの餌の取合いに今日警察が関知しないのと同じである。

京都の治安維持は、朝廷の警察機構である検非違使及び六波羅が分担し、のち室町幕府侍所《さむらいどころ》の役割となる。だがテリトリーの洛中で起った事件であっても、こういう問題には介入しない。土倉などによる債権取立ては、洛中では日常茶飯事である。

また、「獄前の死人、訴えなくんば検断なし」という中世の諺《ことわざ》があった。警察所の前に死体がころがっていても、訴える人がなければ捜査さえ行われないという意味だ。訴人なき殺人事件は存在しないのと同じだ。中世的自力救済社会の現実だ。

だがこのことをもって中世人を野蛮人扱いすることはできない。近年までクラブ活動でのしごき、いじめ、ドメスティック・バイオレンスや児童虐待も、人間が当事者であり、市民社会の真ん中で起っていることでありながら、ネコの喧嘩扱いだったのだ。これらが放置されてきたのはすべて警察の怠慢が原因だ……と言うことはできないだろう。市民社会そのものにこれを犯罪性があると認識せず、半ば黙認する風土があったのだ。今はそれが変わりつつある。法が進化する原因としては、社会意識の変化が最も大きいのだ。武家政権による京の警察権の掌握が「進まなかった」のは、自力救済社会という大前提があり、土倉と債務者の争訟などは、視界の外にあったからなのだ。だが次第に私的債権取立てを放置できない時代になってゆく。不入とは場所への不入だけではなく、自力救済に任すべき状況への不入(不介入)も含まれるのだ。無縁の人が存在した理由とドメスティック・

バイオレンスが不介入のもとに放置されていた理由とは同じ根を持つのだ。

†町小路――京の山の手

中世の京を見ていこう。京都の人であっても、京都の中心部を、遺跡という目で見ながら歩いたことはないだろう。ビューポイントは二箇所だけである。

まずは商家と工房が建ち並ぶ町小路《まちこうじ》（現在の新町通）である。ここは洛中一番の高台、山の手にある通りで、鴨川の氾濫があってもこのあたりは絶対の安全地帯である。自動車の通行量が多い道路ではないから、四条通の四条新町を北上して徒歩で散歩できる。東西を見ればここが最高所であることがわかるだろう。松坂屋発祥地の碑などもある。本来の幅二十五メートルが五メートルにまで狭くなってはいるが、古代・中世の道路の真上を歩くことができる。風情ある町並みである。京都の穴場中の穴場である。都市を指す「町」という言葉は、この町小路が元祖なのだ。町小路と平安京東西道路とが交差する場所を三《さん》条町《じょうまち》・六角町《ろつかくまち》・四条町など「○○＋町」と呼ぶ。平安京の地点表示法は、横のA大路（小路）と縦のB大路（小路）の交差点を指して「AB」と呼ぶ。「二条烏丸《からすま》」というように。

▽六角町　六〇人の生魚商人がおり、全員女性であった。

▽三条町・錦小路《にしきこうじ》町・四条町・七条町　祇園社に属する綿座商人八十人が住んでいた。

▽四条町　上京に延暦寺末寺の毘沙門堂という大寺院がある（三五頁の地図参照）。その子《し》院《いん》の常不動院《じょうふどういん》の一三四三年の財産目録を見ると、四条町に領地がある。南側には小物座の商人が四人、北側には腰座商人が四人いる。全員女性である。刀座もあり、この座は油小路女房という女性から常不動院が購入したものだ。四条町は日本最大の武器市場であった。

▽二条町　米の販売市場として有名である。一三三〇年、後醍醐天皇が飢饉の時に、暴利をむさぼる米商人に、ここで強制的に米を安く売らせた。

▽五条町前後八町《ごじょうまちぜんごはっちょう》　五条町を中心に、北は高辻《たかつじ》小路、南は五条大路、東は西洞院大路、西は室町小路に囲まれた広大な土地、南北百二十メートル、東西二百四十メートル、三万平方メートルもの範囲を、五条町前後八町という（現在の五条通はもとの五条大路ではない。本来の五条大路は今の松原通）。戦国時代までこの地の地主は叡山であった。一言で三ヘクタールというが、ここは新宿やキタの一等地にあたる日本一の繁華街である。後醍醐天皇の二条富小路《とみのこうじ》内裏と隣の足利尊氏邸を合わせたより大きいのだ。

　叡山が地主として地代を徴集するために作った土地・家屋台帳（地検帳）が、応仁《おうにん》の乱を挟んで、一四六六・一四七七年の二冊残っている。大工・銀細工・紙屋・薬屋・豆屋・蒟蒻《こんにゃく》屋・茶屋・朱屋《しゅや》・紺屋《こうや》・小袖屋《こそでや》・金箔屋・足駄屋（下駄屋）・櫛屋・唐物《からもの》屋（輸入品専門店）・烏帽子《えぼし》屋・花屋・鍵屋・索麺《そうめん》屋・塗師《ぬし》屋（漆塗製品の製造販売店）・筆屋・玉屋

（数珠玉製造販売）・味噌屋・酒屋・高麗屋《こうらい》（朝鮮からの輸入品専門店）・筑紫屋《つくし》（九州出身の商人）・井筒屋・算置《さんおき》（占い師）……などの商人・職人に混じって、現在も大津市坂本に寺が残る護正院《ごしょういん》などの山僧が住んでいる。武士は一人も住んでいない。この台帳により各家の間口・奥行きがわかり、中世の京都の町並みを復原できる。そういう場所はほかに二箇所だけ、祇園社西大門門前の四条大路末の両側町（一四六〇年）及び土御門《つちみ》四丁町《かどよんちょうまち》（一四五二年）だけである。

叡山がこの地を獲得した時期は南北朝時代であるが、獲得した理由には注目すべきものがある。近江坂本の日吉社《ひえしゃ》の神人の殺害事件があり、叡山は殺害現場だったこの広大な土地を、神人の墓所として獲得した。神人の怨霊の祟りを鎮められるのは、その神人の所属する寺社だけ、という論理による。これを「墓所の法理」という。日吉社と延暦寺は、神仏習合の中世、同一の「仏かつ神」の二つの顔と見なされた。この法理は鎌倉時代末期から東大寺・新熊野社・聖護院《しょうごいん》・叡山、さらには山伏集団など、寺社勢力によって主張された。「墓所」としてほぼ一つの荘園に相当する大きな土地を要求するのが普通であった。犯人でもないのにこんな一等地を失った元地主はいい面の皮だが、こういう呪術色濃厚な法理が現実に機能していたのが中世という時代なのである。室町時代の叡山は、すでに衰退しつつあったが、管領畠山《はたけやま》氏による押領の企みを退けてこの地を保持し続けた。

町小路には土倉が立ち並び、祇園会《ぎおんえ》の山鉾《やまぼこ》を出す「有徳人《うとくにん》」と呼ばれる金持が多くいた。洛中では内裏も武家屋敷も、鴨河原よりは水害の危険が少ないけれども、町小路よりはずっと危険な東京極〜東洞院の間にあった。京では商人・職人が一番偉いのだ。

†鴨河原——京の下町

鴨河原といっても、現在の鴨川河川敷を思い浮かべてはいけない。四条河原町は今日、京都随一の繁華街であるが、その名の通り、この場所は本当に「鴨河原の中」なのだ。現在の日本銀行・京都劇場・阪急デパート、東にある木屋町・先斗《ぽんと》町も鴨河原に含まれる。鴨川の氾濫原はずっと東西に広く、東は大和大路、西は東洞院や高倉あたりまでが、洪水危険地域であった。この大和大路は名前の通り、はるか奈良につながる幹線道路である。

京都一の繁華街という点は今も中世も同じである。芸能についてもこれは言えて、先斗町や京劇があるように、鴨河原は京の、いや日本の芸能の中心であり続けたのだ。この現状を中世に投影させてイメージすべきなのである。中世鴨河原の賑わいは、形を変えて今、河原町通としてわれわれの目の前にある。中世では土倉・酒屋が立つ繁華街であるとともに、老病死の地獄絵巻と隣り合わせであったが。

河原町通の西の繁華街に、アーケードに覆われた「寺町通《てらまちどおり》」という細い道がある。これが旧平安京の東限だった「東京極大路」の跡である。見過ごしやすいので注意したい。なお新京極通というのがあるがこれは関係ない。河原町通と東京極の間に、現在新烏丸通・裏寺町通と呼ぶ通りがあり、このあたりが今朱雀大路にあたるだろう。その東にあった堤防の位置が、残念ながら正確にはわからない。京都一車の多い現在の河原町通の道路敷、またはそれよりやや西のどこかだろう。狭い意味で、土地所有区分、政治区分のうえでは、この堤防より東を鴨河原という。鴨川の堤防と四条・五条橋の修理は、鎌倉幕府が行った。洛中（平安京）を水害の危険から守ることも、治安維持と並ぶ幕府の責務であった。

今日と最も違う点は、鴨川の水面が今よりずっと高かったことだ。今度は四条大橋の上からでなく、河川敷の遊歩道から鴨川の水面を見る感覚を持ってほしい。一九五五年の鴨川河床掘り下げ工事以前、京都は水害に悩まされ続けた。一方雨さえ降らなければ、鴨川は昔も今も歩いて渡れる。当時の言葉で「徒渉《かちわたり》」である。牛車《ぎつしや》も渡れる。鴨河原の小家《しようけ》小屋と呼ばれた民家が洪水によって流された記録は、大きな水害だけでも、一〇九八・一一〇八・一二二八・一四二七・一四四一年にあり、一五三〇年には「声聞師村《しようもんじ》」という一つの都市ブロックが流されている。火事の記録も一一二五・一二一九・一三三一年など多数ある。河原が火事？　洪水時に流されてもいいような仮設的な建物がほとんどだけれども、鴨河原は人家密集地だったのだ。一二〇三年に六条坊門高倉で出火した火は五条坊門京極の河原院《かわらのいん》を経て、川を渡って河東の六波羅邸を焼いた（三五頁の地図参照）。河原の民家を伝わって類焼したものであろう。洛中・河東は連続した一つの都市でもあり、雨が降ると分断される二つの都市でもあった。

†鴨河原・河東の商人・職人

南北朝時代の祇園社執行顕詮《しゅぎょうけんせん》の日記を見ると、次のような商人・職人がいる（執行は祇園社の次官）。

▽木屋座・材木商　祇園社に付属する堀川神人、別名堀川材木商人は、京都の建築資材を独占していた。一四〇〇年頃の材木商の店舗所在地がわかっている。

▽直垂《ひたたれ》屋・刀作　武器武具を救う商人・職人である。西国には中国山地の鉄山があるが、関東に鉄は乏しい。関東武士は西国の武器を買っていたのだ。この依存関係は非常に古い。

▽鍛冶《かじ》　この地の鍛冶は日本一の腕前である。数々の名刀を作り、三条小鍛冶《さんじょうこかじ》として代々名を轟《とどろ》かせた刀工集団で、祇園社近くの粟田口に十一世紀から住している。

▽博労《ばくろう》　大津馬や牛車を引く牛を売買する。

▽泉石立・山水河原者《せんずいかわらもの》　作庭《さくてい》家・造園家である。善阿弥《ぜんあみ》又四郎という人物が東山山荘の庭を造営している。彼は能で言えば観阿弥《かんあみ》・世阿弥《ぜあみ》にあたる大人物である。鴨河原の住人で

あった。鴨河原の土地台帳（検注帳）にその祖父ないし父と思われる者の名が見える。「河原者」と呼ばれる被差別身分に属する。

▽大炊犬法師《おおいいぬほつし》　精進料理の料理人である。

▽医師　顕詮が病気がちだったので、結心散《けつしんさん》・阿伽陀円《あかだえん》・順気散《じゆんきさん》・物湯《もつとう》など十種類以上の薬が彼の日記に記載されており、医学史の重要史料となっている。また清水坂に山城房という僧侶の獣医がおり、顕詮の愛馬を治療した。この馬は清水坂で息を引き取る。顕詮は「南無阿弥陀仏」と日記に哀悼の言葉を残した。

余談だがこの顕詮は、一三三三年に、尊氏の御師《おし》（信仰上の師匠）になった。面白い人物で、毎日の日記の冒頭に「南無阿弥陀仏、南無阿弥陀仏」「南無薬師如来」「南無延命地蔵」と繰り返し、宗教心の篤い人物である。一方、説法を聴聞した後に、傾城《けいせい》（遊女）遊びをしたりする。いわゆる精進落《しようじん》としである。中世仏教の実際は、高僧の著作に書いてあるようなしかつめらしいものではない。もっと生き生きして人間くさい。

▽鋳物師《いもじ》・銅細工・新銭作（偽金作）　仏像・仏具・鐘などを作る鋳造職人である。当時の銭は中国輸入の銅銭であるが、銅細工にも同じものが作れる。一三四三年に偽金造が検非違使に摘発されたが、犯人のうち祇園社に属する人々はなぜか赦免されている。

▽土倉・油屋・米屋・酒屋・質屋・味噌屋　金融業を営む中世で一番の金持、土倉の莫大

な収益に対して、どれほど国税がかかったというと、これが原則無税なのだ。それだけではない。南北朝時代以前は、神人身分を持つ商人・職人は、驚くなかれ、朝幕の課税を原則として一切受けなかったのだ。この免税特権……というよりは課税対象として想定されていないこと……これが、無縁所、無縁の人の最重要の特質と言ってよいだろう。朝廷の職人税は、律令時代さながらの、古代的職人のみを想定した税制で、中世商工業に対応していない。国家は商業課税の分野で信じがたいほど立ち後れていた。この分野の課税が室町幕府の政治課題となる。後醍醐天皇は一三二二年に、洛中の「神人公事《くじ》停止令」という法を出した。公事とは寺社が神人（商人・職人）から取っている運上金（私的な税）で、これを「停止」し、それに代って朝廷が神人に課税するのが真の目的である。なお、油屋以下も本業の他に金融を行った。

商業課税が行われなかったのは、ネコがネズミを何匹取ろうが課税しようとしないのと「同じ」である。ネズミが何らかの資源になったと意識された場合には、課税当局の対応が別になるだろう。歴史を見るには動物観察のような感覚が必要で感情移入は禁物だ。

金貸には女性が多い。六角町・四条町の女商人・職人を思い出そう。女性と寺社と商業は相性がよい。京都市東山区は今日でも人口に占める女性比率が高い。働く女性の顔が見えるのだ。

▽為替屋《かわしや》・問丸《といまる》　鎌倉時代末期にはすでに信用取引が行われ、問屋も現れていた。
▽巫女　というと女性と信じて疑わないが、巫女は「神子」とも書き、男神子・女神子がいて、芸能の座を結んでいる。今に続く祇園文化の担い手である。その一方、一四四六年に、祇園執行の命令により男神子が六条河原で罪人の首を切った直後、処刑のケガレを払うことなく神前に出て問題になった。芸能者といっても今日の芸人とは全く違う。
▽檜物師《ひものし》・塗師《ぬし》・轆轤師《ろくろ》　漆製品を作る職人である。
そのほか沓《くつ》職人・紙屋・小袖座・細工丸・材木引・絵師・玉造《たまつくり》といった職人が住んでいる。これらの職人は律令制の官営工房の職人とは系譜的につながらない。そういう職人が平安中後期に朝廷を離れ、独立したケースがあるにはあったが。国家にも誰にも、職人が何人いるかはわからない。後白河院や九条兼実《くじようかねざね》は、そういう民間職人に出会った時、その技術水準の高さに驚きを隠せなかった。鴨河原、祇園社境内の商人・職人の紹介を一応終わるが、これは当時の日本の商工業の全業種を網羅していることとほぼ同じである。

†その他ビューポイント

ここまでで説明し残した中世の京の重要地点を駆け足で見ていこう。
少将井《しょうしょうい》・大政所《おおまんどころ》は祇園社の御旅所で、場所が四条寺町に移転しているが、今でも見ることができる。少将井の広い敷地には、一二二五年に、銭湯と推定される湯屋があった。一三八七年頃に書かれた『源威集《げんいしゅう》』に「南北朝合戦の激しかった頃でも、合戦のない日には、敵味方が洛中の湯屋で出会い、語りあって、喧嘩することはなかった」と記されている。網野善彦は湯屋を無縁所の一類型と指摘した。無縁所の特長の一つとして、平和領域であること、少なくともそうであることを期待される場、ということがある。

中世を通じて存在した唯一の橋は五条橋である。現在の松原橋の位置だ。国道一号線になっている現在の「五条通」は、旧六条坊門にあたる。錯覚しやすいので注意が必要だ。五条橋は鴨川を一っ飛びに越えるのではなく、中洲に一旦着地して川を越える。この五条橋中島には、洪水があるたびに流されては再建される法城寺《ほうじょうじ》という寺があった。飢饉で死んだ人々の死骸が埋められ、その怨念が詰まっているという。今はこの中島はない。

祇園社・清水寺・大和大路は場所が移動せずに残っている。六波羅探題跡も土地区画が壊れておらず、地名も残っており、敷地の広がりを見渡すことができる。

建仁寺《けんにんじ》の名物は建仁寺索麵《そうめん》である。幕府が祇園社の領内に建立した禅寺で、宋人蘭渓道隆《らんけいどうりゅう》が中国式の「大袈裟《おおげさ》」という僧服をまとって入寺した頃から、叡山との紛争が激化した。

浄土信仰のメッカである六波羅蜜寺は、六波羅の隣接地にある叡山末寺である。六波羅との境界争いが絶えなかった。その訴訟文書をいくつか残している。

新日吉社・新熊野社は、院が日吉・熊野社を勧請した半ば私的な神社で、ここに参詣すれば本社に略式に参詣したと見なされる。院の本拠地にあるが、本社の日吉神人・熊野山伏も出入りし、六波羅にも近い。朝廷・幕府・寺社の勢力が交錯し、頻繁に喧嘩が起こる。

鴨河原の寺院には、ほかに京極寺《きょうごくでら》・悲田院《ひでんいん》・河原院などがある。悲田院は鴨河原の病人の介護施設であり、京極寺は叡山末寺で、神輿動座の際神輿が仮安置されることもある。鴨川と東西の大路が交叉する地点には、二条道場・四条道場・六条道場・七条道場などの時衆《じしゅう》道場があった。叡山の最下層僧侶である聖《ひじり》には新仏教の時衆が多い。当時この宗派を呼ぶ時「時宗」という表現はない。「時衆」である。四条道場金蓮寺《こんれんじ》は祇園社の鳥居前にあり、京都時衆の本山として栄えた。顕詮も深く帰依した。重要な位置にある叡山末寺である。だから祇園社・叡山を牽制する意味で、ここの前には篝屋《かがりや》が一つ置かれた。篝屋とは鎌倉幕府が洛中警固のために作った一種の交番である。金蓮寺は室町幕府からも保護を与えられ、一三八六年に叡山から独立した。

東山の霊山《りょうぜん》・長楽寺《ちょうらくじ》・清閑寺《せいかんじ》は、祇園と一体の叡山末寺であった。また洛中の革堂《こうどう》・六角堂・因幡堂《いなばどう》は、叡山・園城寺末寺で、のちに京都町衆《まちしゅう》の精神的結合のシンボル、町堂《ちょうどう》となる。

2　祇園社と御霊信仰

†京都流入民・疫病・神罰

祇園祭を知らない人はいないだろうが、この祭の本当の歴史的意義を知る人はまずいない。祇園社の歴史は、十一世紀から十六世紀の中世社会の縮図といっても過言ではないのだ。現在は八坂神社といい仏教色を廃しているが、江戸時代までは、感神院祇園社《かんじんいんぎおんしゃ》という、僧侶が神事を行う寺院かつ神社であった。これが神仏習合である。長官代理を執行《しゅぎょう》という。執行家は古代豪族の八坂造《やさかのみやつこ》、紀氏《きし》の子孫で、代々、行円《ぎょうえん》・静晴《じょうせい》・顕詮《けんせん》・顕深《けんしん》などという法名を名乗る世襲の神官の家であった。祇園祭は当時の言葉で祇園会《え》という。

祇園信仰を頂点とする、いわゆる御霊《ごりょう》信仰が盛んになった理由は疫病に対する恐怖である。根本原因となったのは京都流入民の増加で、それによる人口急増に伴って流行規模が拡大した。ただ、この時代の人々はそうは考えなかった。神の祟《たた》り、政治的敗者の怨霊の祟りは、仇敵個人だけでなく社会にも向けられ、疫病を流行させると考えたのだ。

病気の流行は、人々を恐怖と不安に駆り立てる。疫病は貴賤を選ばない。院から流入民まで、疫病や祟りの前ではみな平等である。だから祇園社が身分の上下を問わない帰依を受けたのだ。超自然的な事物の前に身分はない。人権思想が積極的な平等に関する思想とするならば、老・病・死への恐怖は、誰にもいやおうなく訪れる消極的な平等についての感覚なのだ。宮殿にもあばら屋にも、すべての屋根に、鴨河原の河川敷生活者の上にも降り注ぐ陽の光や月の光。これと同様、疫病も身分や地位の分け隔てなく襲って来る。人間の力ではどうにもならない。日本での平等思想は世界宗教である仏教の定着とともに始まったとされる。老・病・死を、意識して真剣に見つめるまなざしであるが、この仏教思想は自覚的で積極的なものである。ひしひしと体感される平等は、恐怖に根ざしたもので、曖昧だが仏教思想より根源的である。神威ある神の鎮座する祇園社などの寺社境内、無縁所の不気味な力は、現代人には全く不可解に見えるが、怨霊への恐怖、死者への恐怖、神霊への恐怖、そういった畏怖の心性に支えられている。これは勝者を相対化する観念だ。

祇園会の日に限り、天皇は巡幸する神輿《しんよ》の霊威と、それが運ぶ災気を避けるため一時避難を行うのが例であった。これが方違《かたたがえ》、その日一日限りの行幸である。行幸は大事件である。中世、鎌倉・博多・奈良・平泉で最も盛んだった祭礼は、いずれも各地で行われた祇園会である。博多どんたくは博多祇園会の別称である。疫病の恐怖は人口密度の高い都市に共通する。地名学では、祇園地名があるところすなわち都市、という説があるほどだ。祇園社もその本社日吉社も古代では小社であった。平安中期、朝廷が主要な十六の神社に奉幣《ほうべい》する十六社制度があったが、これには漏れている。十六社はやがて二十二社に増えていき、室町時代まで最高の社格として権威を持った。その二十二番目の指定が日吉社で一〇三九年、二十一番目が祇園社である。ずっと天皇が行幸することはなく、その最初は後三条《ごさんじょう》天皇の一〇七一年、以後天皇の行幸が代々の例となる。伝統の古い神社ではなく中世の新興勢力なのだ。

祇園会は旧暦六月七・十四日に行われる。夏の終わりで疫病シーズンの最中である。祇園社境内を流れる鴨川の河原、鴨河原には流入民が多く住み着いた。一雨降れば洪水となるこの地域には、病死した人々の死骸が腐敗して地獄絵を展開し、さらに疫病を再生産した。職人たちはここに住んでいたのだ。『方丈記』は、ここを現世の地獄と見た。最高の疫神たる祇園社境内にある鴨河原は、皮肉なことに疫病の発生源でもあったのだ（三五頁の京都地図を参照）。

†大田楽と神輿動座——中世の開幕

十一世紀最後の十年は洪水・強盗・殺人・放火、そして疱瘡《ほうそう》の流行があいついだ。一〇九四・九六年には、社会不安を反映して、祇園会の日をクライマックスに、人々が熱狂的に田楽《でんがく》に踊り狂い、洛中を興奮の渦に巻き込んだ。年号にちなんで「嘉保《かほう》の大田楽」「永《えい》長《ちょう》の大田楽」といわれる。警備担当の藤原宗忠《ふじわらのむねただ》（後に警視総監に相当する検非違使別当《けびいしべっとう》に就任）は、その日記『中右記《ちゅうゆうき》』に、到底制止できる人数ではなかった、と書いている。江戸幕府の崩壊直前におこった「ええじゃないか」にも似た古代国家への葬送曲であった。

二つの田楽の間、嘉保二年（一〇九五）、山僧の嗷訴《ごうそ》があった。初めて日吉神輿を担いでいた。神輿《しんよ》動座《どうざ》の最初である。神輿は神の乗り物であり、動座とは、座して決して動いてはならぬ存在、神や天皇が動く異常事態である。祭の式日に定まった御旅所に行く以外動かない神が、自ら輿《こし》に乗って朝廷に迫り訴える。恐怖の奇跡である。朝廷は内裏《だいり》への侵入を防ぐため、検非違使と武士に命じて警備させた。関白藤原師通《もろみち》は神輿を射ることを命じた。これは神輿に乗る日吉の神を射ることを意味する。師通は報いとして神矢を眉間に受けて重病になり、母が神の許しを求めて祈願したが空しく、その寿命は三年しか伸びず、三十八歳の若さで没したと摂関家では信じられ、恐怖の伝説として受け継がれた。師通の曾孫にあたる天台座主慈円《じえん》の『愚管抄《ぐかんしょう》』に書かれている。この時世界が変わったのだ！

それまで嗷訴など一蹴していた院・貴族が、この「嘉保の神輿動座」以後、比叡山の嗷訴におののくようになる。この二年前の一〇九三年には、興福寺の僧侶が榊《さかき》に何枚もの鏡を付けた春日《かすが》の神木《しんぼく》を奉じて入洛《じゅらく》し、近江国司の春日神人《じにん》への暴行を訴えている。この頃から諸寺社の嗷訴は、神輿・神木の動座を伴うのが普通になった。

神輿による威嚇は、院・貴族に対して有効だった。一方、武士はこうした迷信にとらわれない人々と思われていた。しかし実は同じように神輿を恐れていたのだ。一二八三年、日吉神輿が内裏を占拠する事件が起った。警固の武士は神輿を恐れ、形だけの警備をして手をこまねいていた、と南北朝時代の『増鏡《ますかがみ》』は記す。一三六八年の嗷訴の時にも、警固の武士は神輿の前で下馬して弓を伏せた。延暦寺僧により代々書き継がれた公式日記『天台座主記』はそう記す。随分後の時代まで神輿は恐怖を振りまいた。この神輿は大津市坂本の日吉神社に行けば見ることができる。江戸初期に改修された重要文化財の神輿七基が安置されている。神が乗りやすい形ではなく、神人が振り回しやすい形に作られている。和歌山県紀の川市の鞆淵八幡宮《ともぶちはちまんぐう》には、鎌倉時代に石清水八幡宮《いわしみずはちまんぐう》から払下げられた神輿が今に残る。神輿の恐怖から自由だったのは誰か。それはその神輿・神木・神体を振り回す寺《じ》僧《そう》・神人だけである。

嘉保の動座は『山王霊験記《さんのうれいげんき》』という鎌倉時代の絵巻に生き生きと描かれている（『続日本絵巻大成』中央公論社）。寺社が中央政界の動向を左右するようになるのはこれ以後である。中世とは「寺社」が強大な「勢力」を振う「寺社勢力」の時代である。中世は社会的マスヒステリアの渦中で幕を開けた。

†天台の末社たるのみにあらず、国家の鎮守なり

感神院祇園社は、十世紀半ばには興福寺末寺だった。それを、戦争という手段に訴えて叡山が強奪した。祇園社の祭神は病気よけの牛頭天王《ごずてんのう》、同体の本地仏《ほんじぶつ》は延暦寺の本尊と同じ治病の薬師如来《やくしにょらい》である。菅原道真《すがわらのみちざね》の怨霊を祭る北野社《きたのしゃ》も叡山末寺となっていた。祇園社・北野社の祭礼が二大御霊会とされた。叡山が両社を傘下に収めていたことは、おそらく偶然ではないだろう。日吉神輿動座の際、この二社の神輿がお供することが多い。

一一四七年、叡山の嗷訴の際、お供の祇園社神人が喧嘩事件を起こした。鳥羽院は「祇園社の乱行はけしからぬ。感神院が天台の末社というのは枝葉、本分は国家の鎮守というところにある。提訴内容を審議している最中に、合戦に及ぶとは何事か」と怒った。

国家安泰の祈りのうち、首都の疫病消除という重要な役割を担い、京の人々の帰依が一番篤い祇園社が叡山の手中にあるというのは、政権にとって大きな重圧である。中世から今日まで日本最大の祭礼であり続ける祇園会が、これ以後ずっと、比叡山の勢力下にあったのだ。祇園会は先だって五月五日に行われる日吉小五月会《こさつきえ》という祭礼の祭具を渡されてはじまる。祭具を比叡山・日吉社に抑留されてしまうと、祭礼の執行そのものが不可能に

なる。費用総額は、日吉祭が千貫文で、祇園会の三百貫文を上回るが、信仰を集めたのは何といっても祇園会である。この後二百年経って、室町幕府がやっとこの問題の解決に乗り出す。だが両者が完全に分断されるのは、四百年以上後の織田《おだ》信長《のぶなが》の比叡山焼討後、祇園社が「感神院は天台宗、本寺なし」、と比叡山からの独立宣言をして以後のことだ。

祇園会を語るとき、忘れてならないのは「潤屋《じゅんおく》の賤民《せんみん》」である。保元《ほうげん》の乱後、後白河天皇は祇園会の費用を調達するため、洛中の金持、「金で潤っている庶民」に山鉾《やまぼこ》を作る費用を出させた。国家が莫大な出費に耐えられなくなったためである。鉾を出すことは大変な名誉である。このことは「賤民」が名誉を買えるようになったことをも意味する。中世という時代の一面をよく現している。「有徳人《うとくにん》」と呼ばれる大金持の時代を。

3　悪僧と神人

†王朝絵巻の闇——受領は倒れるところに土をつかむ（今昔物語）

京都の治安悪化や様々な不安定要因をもたらした流入民であるが、もともとは朝廷の悪政が原因で地方から上京した難民である。九〜十一世紀、王朝貴族は地方政治を放棄し、県知事にあたる国司（受領《ずりょう》）に政治を丸投げした。彼らは藤原道長ら朝廷の有力者個人に莫大な献上品・賄賂を贈って国司に任命してもらい、一旦任官するや国務を専断した。国司は四年限定の独裁者として君臨した。任期後はその国から離れてしまうのをよいことに、法外な税率を勝手に決めて中央にはその一部しか送らず私腹を肥やし、事実上の略奪を専らにした。王朝は賄賂の多い者ほど重用し、四年の任期が終わった後、さらに利潤の大きい他国の国司に任命した。構造腐敗である。道長の時代を中心に、国司が襲撃を受けたり、郡司・百姓が上京して国司の非法を訴えて罷免《ひめん》を要求したりすることが繰り返された。上京した百姓はそのまま居ついてしまうこともある。百姓に協力した郡司は支配組織の末端であるが、世襲の村長のようなものであるから、村の貧窮した実情が理解できるのだ。絢《けん》爛《らん》たる王朝絵巻はこうした地方切り捨てのうえに成り立っていた。

郡司・百姓の訴えが少なくなった頃、それにかわって寺社の嗷訴が盛んになる。その相手はやはり国司、及び九州の諸国司を統括する最大の地方官の大宰帥《だざいのそち》であった。寺社の嗷訴は悪政への抵抗運動を引継いだものなのだ。嘉保の神輿動座も、尾張国司の代官が叡山の下級僧侶を殺害したことが発端であった。余談であるが、平将門《まさかど》は国司を憎む当時の声を代弁し、次々と関東八ヶ国の国衙《こくが》を占領した。頼朝《よりとも》挙兵の時、最初に攻撃したのは伊豆の国司代官、山木兼隆《やまきかねたか》の館であり、関東征服の際にも各国に攻め込んで、国司の傘下にある国衙機構を接収した。古代〜中世初期の事件は、多く国司の悪政が原因である。

†悪僧と神人

本書の方法である史料の現代語訳をしよう。朝廷は洛中に人々が流入するのを防ごうとして、九九九年に、僧俗が理由なく京に住み住宅を構えることを禁じた。

　僧侶を装って寺を構え仏像を置くもの、またその従者のような顔をして、僧の乗用の牛車を置く施設、車宿《くるまやどり》と称するものを建てて、そこに住み着いているものが多い。都じゅうが牛だらけで放牧地のようになっている。朝廷・摂関家の祈禱命令で来るもの以外は入京を禁止する。

と。流入民は、寺院を頼り、寺僧を装い、また寺僧の従者と称して、京に駈込んでいた。下級貴族の藤原敦光《あつみつ》は、一一三五年、前年の風水害と今年の春夏の飢饉《ききん》の被害を分析し、「諸国の土民が、税を逃れるために、あるものは神人と称し、あるものは悪僧《あくそう》となっている。わがもの顔に横行して国司の職務を妨害している。天災でなく人災だ」と嘆く。官吏の立場からの発言なので、国司の悪行には一言も触れていない。

この「神人」「悪僧」が寺社勢力の正体である。僧侶・神人は課税されない身分である。国家側は当然のようにそういう「身分」に駈込んだ人々を脱税者として糾弾する。朝廷の言い分だけ聞いているといかにも悪行に聞こえるが、その原因を作ったのは王朝国家だ。彼らはまぎれもなく難民・国内移民であり、これは国民的規模の駈込みなのだ。

悪僧の「悪」は朝廷が勝手に貼った負のレッテルであるが、「悪くて強くて凄いヤツ」という意味にも転じ、たとえば「名誉の悪僧」などと『平家物語《へいけものがたり》』に頻繁に現れる。源《みなもとの》義朝《よしとも》の嫡男で勇者として描かれる悪源太義平の「悪」と同じ意味である。

†保元新制

二十年後、保元の乱直後の一一五七年に、後白河天皇は、施政方針として保元新制という法令を出した。第一の側近、藤原通憲《みちのり》、法名信西《しんぜい》の立案である。
①国衙の官人や郡司・百姓が、寺社領荘園の荘官（荘園管理人）や荘民となること、その結果税を逃れることを禁ずる。無許可で土地を寺社に寄進することも禁ずる。違反者は検非違使に身柄を引渡す。ただの脱税を刑事罰の対象となる重大な犯罪に指定したわけだ。
②左の諸社の神人の暴行を国司に命じて禁ずる。

伊勢《いせ》大神宮《だいじんぐう》・石清水八幡宮・鴨御祖社《かものみおやしゃ》（下賀茂社）・賀茂別雷社《かものわけいかづちしゃ》（上賀茂社）・春日社（興福寺と同体）・住吉《すみよし》社・日吉社・感神院

神人には定数があるのに、それにお構いなく爆発的に人数が増えている。平民が賄賂を贈って神人の身分を買っているためだ。神人の名簿、及び本人が神人であることの証文を出させ、今後の増員は永久に禁止する。

③左の諸寺諸山の悪僧の乱行を国司に命じて禁ずる。

興福寺《こうふくじ》・延暦寺・園城寺・熊野・吉野金峯《きんぷ》山寺《せんじ》

悪僧は凶暴である。これら寺の夏衆《げしゅう》・彼岸衆《ひがんしゅう》・先達《せんだつ》・寄人《よりうど》（以上は行人の様々な呼称）が高利の金融を営み、公私の財産をかすめ取っている。彼らの父母・師匠・縁者に命じて出頭させよ、もし出頭させなければ共犯とみなす。

④国司は国内の寺社の乱行を停止せよ。数千人に及ぶ神人が諸国で猛威を振い、国司の職務を妨害し村々を横行している。

荘園整理令といわれるものの一つだが、大荘園領主である院自身はもとより、摂関家への言及もほとんどない。京周辺の寺社勢力を専《もっぱ》ら問題にしている。以下を確認しておく。

A　王朝時代、ともに国司の悪政と戦った郡司・百姓が、悪僧や神人となって寺社に参入し、さらにその所有地を寺社領荘園として寄進する動きが広がっている。僧・神人は律令制の税法上、課税対象として想定されていない（実際古代にはほとんどいなかった）。国司の収奪を逃れて寺社領に駈込み、諸役不入の身となる。警察権の介入を拒否する権利が「検断不入《けんだんふにゅう》」、徴税を拒絶する権利が「諸役不入《しょやくふにゅう》」である。

B　彼らは賄賂を贈ったりするから、身分は低くても富裕層が一定程度含まれる。

C　諸寺の金融業が盛んであり、それが指弾されている。

D　彼らは寺社領荘園の外の公領でも活動する。

保元新制は、身分の低い雑僧の行人・神人取締令であって、天台座主・興福寺別当・東《とう》大寺別当《だいじ》や、学侶《がくりょ》・衆徒《しゅと》と呼ばれる貴族・武士身分出身の僧侶には言及しない。

神人は形式上、下級神官の地位にあり境内の雑務を行う。雑務の中心は警備であり武器を携行する。神社の儀式を司るわけではなく、宗教者のイメージにはほど遠い。また出家しているものが多い。③で非難されている寺院の行人の仕事も神人と同じである。仏教の教義など知らないし、そもそも髪を剃っていないものも多い。行人と神人は実際上区別しがたい。神と仏を一体と見る神仏習合は、その権威を帯びる僧侶・神人の混淆でもあった。

古代に創建された東大寺・興福寺・延暦寺・高野山などが、中世には似ても似つかない存在に変質した理由はこれだ。寺院のメンバーに大量の行人・神人が加わり、僧侶の構成が根本的に変わってしまったからだ。

4　中世の開幕――通説への挑戦

†一〇七〇年二月二〇日

一〇四九年に、検非違使の藤原以親《もちちか》らが、感神院に侵入し容疑者を追捕《ついぶ》した罪で、朝廷により処罰された。寺社の検断不入を破った警察官が罰せられた最初の事例である。中世の寺社は大概名目的な不入権を持っているのだが、鎌倉五山の不入権と、祇園・叡山のそれとは違う。私は、不入の実効があるものを寺社勢力、そうでない政治権力に寄生する寺社を御用寺社と呼んでいる。

一〇七〇年二月二〇日、東は東山、西は鴨川西岸の堤、南は五条末、北は三条末、という広大な地域を、祇園社がその「境内《けいだい》」として領有することが認められた。京の東半に寺社境内地の常識を大きく越える巨大な不入地が誕生した。あまり劇的とは言えない事件だが、私はこの日、京における無縁所第一号の法的成立を以て、中世の開幕と考えている。普通中世の開幕とされる院政の開始や、前述の嘉保の神輿動座より前に時代区分を置く。

これは学会の通説に対する、かなり重大な挑戦なのだ。東大寺の不入権は一〇五六年に承認されている。この前後に続々と不入地が成立した。首都で重要な事件が起きた時をもって時代を区分する歴史学の常道に従うなら、この年、一〇七〇年こそが中世が始まった年である。

私がこの時期を重視する理由はもう一つある。白河はもと摂関家代々の別荘であった。この地が一〇七五年六月一三日に、直後に関白に就任する藤原師実《もろざね》から、白河天皇に献上され、院御所（白河北殿・南殿）が置かれ、この後ずっと院政の舞台となる。祇園の不入地が定まった五年後である。すでに先帝後三条上皇は一〇七三年に没し、この一〇七五年時点で、天皇はすでに実権者である。白河天皇の退位は一〇八六年、院政の開始はその数年後だけれども、平安京の場所が決まった時や、頼朝が幕府を鎌倉の地に定めた時と同様、院政政権の政庁の場が定まった時点を重視するなら、時代区分をここに置くべきだろう。院と寺社勢力という中世を代表する二つの勢力が、相接した場所に居を定めたのだ。

†山徒の居住地

一二八六年、天台座主尊助の令旨《りょうじ》が得宗北条貞時《とくそうほうじょうさだとき》宛に出された。祇園社境内を、三門跡の人々や山徒《さんと》（山僧）・神人（日吉社・祇園社）が定住する聖地だと主張し、幕府の息がかかった禅宗・律宗の僧尼、念仏者、及び武士の排除を要求した。祇園社領は実際には叡山の管理下にあり、河東三条~五条及び鴨河原は、山徒の居住地であったことがわかる。叡山の山下の京都側には西坂本・浄土寺・白河・大原などの都市域があるが、河東ほどの戦略的重要性はない。この地こそ、シンボルの比叡山山上よりも重要な、延暦寺の本体部分なのだ。祇園社境内の不入権確立は、実は比叡山の不入地の確立を意味していた。

三門跡とは、円融坊《えんゆうぼう》（現在の三千院、当時は東坂本にあった）・妙法院《みょうほういん》・青蓮院《しょうれんいん》の延暦寺の三大子院をいう。皇族・摂関家・将軍家（藤原将軍以後）の子弟が幼児の頃に入寺して院主になり、チャンスがあれば天台座主に出世していく。青蓮院は粟田口《あわたぐち》坊、妙法院は綾《あやの》小路《こうじ》坊と呼ばれ、河東のこの地にある。

今度は逆に鎌倉幕府が、一三二四年に、朝廷に要求を出した。

> 南都北嶺以下、諸寺諸社の僧侶は、住山して鎮護国家祈禱に専念すべきなのに、法にそむき在京しているようだ。実情を調査せよ。また諸社の神人の人数がわからない。毎年提出すべき名簿が提出されていない。必ず出させよ。調査を確実に実行するために、まず座主・別当など、諸門主自身が住山して、寺僧管理を徹底せよ。

僧侶・神官は寺社を離れず、祈禱に専念するのが本務である。住山せず首都で活動する僧侶が多いのは、彼らが商工業主体だったからである。この法は一般論を述べているようであり、それには違いないのだが、この文書が青蓮院に残っていることから見ても、主たる標的は叡山であろう。幕府の対寺社法制はつねに叡山を意識している。寺の外一般でなく、京での活動の禁止を明記している点も興味深い。要するに、山僧は京へ来るな、と言っているのだ。

山僧は六波羅武士の隣に住んで、年中角突《つの》き合っているようなものなのだ。嗷訴・神輿動座というと、近江の叡山がわざわざ京にやってくるような印象があるがそれは違う。山僧の多くはもともと京に住んでいるのだ。内裏も大内裏も荒廃してしまい、皇居も公家・武家屋敷も、不安定に移転を繰り返す中世の京は、不動の中心、叡山末寺祇園社の門前に広がる町なのだ。「叡山門前としての京」といわれるのはこのことだ。

†駐留軍を追い出す

河東祇園社領は当初の西限だった鴨川の堤防を超えて、今朱雀《すざく》まではみ出して拡大していた。だが南北朝内乱の際に、この無縁所に危機が訪れる。一三五二年三月一五日、足利義詮《よしあきら》は一ヶ月前に南朝によって占領された京都を奪回するため、近江から東山を越えて京都盆地に侵入した。戦いに勝った直後の四月四日、軍勢を祇園社の僧房に寄宿させよと要求した。南朝は五月まで京に近い石清水八幡宮寺に着陣し続けるから、この時はまだ戦闘中と同じである。祇園社は政治的には尊氏寄りであったけれども、執行は義詮に対し「軍勢が宿泊すると聖地が穢《けが》れる」とつっぱねて着陣を断固拒否した。すでに軍勢の一部は不入地に入っており、各部隊の駐屯地の割当を示す陣札《じんふだ》が打たれていた。だが平和領域を維持するために既成事実を撤回させたのだ。これは大変なことだ。義詮は敗者でも駈込人でもない。着陣した勝者を追い出してしまったのだ。無縁所の存在がいかに大きかったかを示す事件だろう。

†祇園会と喧嘩は京の華

祭礼には一定の狂乱が憑き物であり、喧嘩が絶えなかった。一二三九年、幕府は、諸社の神人が、在京武士の館に神宝を振りたてて狼藉《ろうぜき》することを禁じた。祭礼と神輿振りの状況はよく似ている。ともに非日常の無縁の時空である。一三二四年の正中《しょうちゅう》の変は、北野社の祭礼で毎年必ず起る喧嘩にかこつけて、後醍醐天皇方が六波羅を襲撃する計画だったという。祭礼での騒ぎは、関東武士に対する京都都市民の日常的な反感の反映である。その都市民の少なからぬ部分が山門の縁者なのだ。洛中警固のため一二三八年に幕府が創設した篝屋《かがりや》は、必ず祇園の御旅所や六角堂などの前、また三条大宮など、武家と叡山との接点に置かれた（三五頁の地図参照）。ここここそが洛中警固の最大の急所なのである。

六月一四日の祇園会の式日にしばしば事件があった。頻発したのは三条大宮である。鎌倉時代には一二四三・一二六九・一二七六年などに喧嘩が起った。前後の時代を見ると、一一四七年にここで平忠盛の郎徒が矢を放ったため山門の嗷訴を呼んでいる。一四四二年にも、ここで山名《やまな》持豊《もちとよ》（宗全《そうぜん》）の被官《ひかん》が神人と喧嘩に及び、双方に死傷者が出た。前者は院政政権を支える平氏、後者は室町幕府を支えた山名氏で、ともに反政府暴動の意味がある。

祇園社は河東にあるが、祇園会は河東だけの祭ではない。洛中の人々は祇園会の費用を負担する潤屋の賤民であり、祇園会に熱狂する叡山シンパである。叡山門前としての京、というのは河東だけの話ではない。人々の意識では、洛中も叡山門前なのだ。京の人々にとって、山とは比叡の山のことなのだ。

鎌倉幕府はこの日本最大の祭礼を無視した。『吾妻鏡《あづまかがみ》』に祇園会の記事は一言半句もない。平安京の鎮守とされる賀茂社の記事は頻繁に現れる。頼朝は賀茂祭に参列している。幕府は叡山を無視したいのだ。また京を古代の平安京の枠内に封じ込めたかったのだ。当然ながら貴族の日記には、毎年最大のイベントである祇園会の模様が詳細に記される。

5　無縁所の理念

†寺社を軍事動員——合戦史の画期

南北朝時代は下克上の時代で、もろもろの権威、身分や古い秩序が解体した大転換期である。政権が寺社勢力を傭兵的な軍隊として動員し、恩賞を与えるようになったことも秩序破壊の一齣《ひとこま》である。源平合戦や承久《じょうきゅう》の乱の際にも、後白河院《ごしらかわいん》や後鳥羽院《ごとばいん》が南都北嶺《なんとほくれい》の武力を当てにした戦略を練ったが、結局その出番はなかった。蒙古《もうこ》襲来時にも寺社が九州に出兵したことはない。ずっと戦争の当事者とはならず、政治とは一定の距離を保っていた。

ところが倒幕計画に当たり、後醍醐《ごだいご》天皇と元天台座主《てんだいざす》の護良《もりよし》親王は熊野《くまの》・高野山《こうやさん》・叡山《えいざん》に出兵を要請し、諸寺社もそれを受けた。護良の逃避行を助けたのは大和・紀伊の寺社で、この間に楠正成《くすのきまさしげ》らの挙兵があって内乱が拡大した。六波羅《ろくはら》に止めを刺したのは、最後になって腰を上げた叡山の攻撃であった。この恩賞として、鎌倉幕府滅亡直後に、京に隣接する若狭守護職に、武士でも御家人でもない叡山の多門房《たもんぼう》が任命された。

足利尊氏《あしかがたかうじ》は、一三三五年一一月、鎌倉で後醍醐に反旗を翻《ひるがえ》し、一二月の箱根・竹ノ下の合戦で、新田義貞《にったよしさだ》の追討軍を撃破した。この時義貞軍に道場坊祐覚《どうじょうぼうゆうがく》という山僧が加わり、「坂本様《さかもとよう》ノ袈裟《けさ》切《ぎり》デ成仏セヨ」と叫んで奮戦した様子が『太平記《たいへいき》』に描かれる。祐覚は実在の人物であり、叡山の軍奉行《いくさぶぎょう》の役職にあった人物である。叡山はただの武装集団ではなく、戦場において僧たちの手柄を記録し報告し審査し論功行賞を行う軍奉行という役職を備えた武士団とよく似た一面も持っていた。

尊氏も、翌年正月八日、入京直前に東大寺の出兵を促し、一〇日に後醍醐を叡山に追った後、二三日に同寺に摂津国椋橋荘《くらはしのしょう》を恩賞として与えた。園城寺《おんじょうじ》（三井寺《みいでら》）も足利方として活躍した。主従関係に結ばれた御家人などであるはずのない寺社が、天皇やまして尊氏に軍事奉仕するなど、鎌倉時代までは考えられないことだ。鎮護国家祈禱に専念する寺社の建前が、上から、政権によって崩されたのである。

†駈込寺としての叡山

叡山に関わる政治的動きを年表で見てみよう。叡山は皇室の駈込寺の観を呈しているが、南北朝、いずれにも偏っていない。もっとも、駈込みを受入れた事情を見てみると、悪く言えば事なかれ主義とも言える。何といっても後醍醐天皇が、一三三六年の正月と五月に

	年	月日	事件
①	1183	6月	源平合戦。後白河院が，叡山に着陣している木曾義仲に合流する疑いをもった平宗盛が院を引き留める。宗盛は叡山に使者を送り（恥も外聞もなく）延暦寺を平家の氏寺，日吉社を氏神にしてくれと頼み，懐柔をはかる。
		7月24日	後白河，義仲のいる叡山に駈込む。
		25日	平家の都落ち
		27日	後白河院帰洛〔嵐のような四日間の冒険であった〕
②	1185		源平合戦義経駆け込み，潜伏（序章で述べた）
③	1221	6月8日	承久の乱，尾張での敗報を聞いた後鳥羽院が叡山に逃れる。
		10日	延暦寺，院の出兵要請を断わる。〔一部の山僧が一四日の宇治川の合戦に京方として参加〕
		15日	幕府軍入京。
		7月8日	叡山，乱の張本人二位法印尊長の捜査を約束する代わり，幕府兵の入部を拒絶し不入権を守る。南都でも，〔興福寺と幕府軍と睨み合いの中〕一三日，同じことが決まる。
④	1331	8月	元弘の乱，花山院師賢，後醍醐天皇に扮して叡山へ登る。これは偽装。
⑤	1336	正月 5～11月	後醍醐天皇が叡山に籠もる。
		12月	（後醍醐天皇，高野山への入山を拒否される）
⑥	1351	1月	観応の擾乱。直義党の桃井直常，叡山を拠点に雲母坂経由で京都を攻撃，尊氏を播磨に追う。
		8月23日	直義，南朝の攻撃に備えて，北朝の天皇・上皇の叡山への避難を提案。
⑦	1352	6月	比叡山上への避難を怠った義詮の失敗で，京にいた北朝方の皇族は全員吉野に連れ去られる。
⑧	1353	6月	北朝の後光厳天皇山門に避難，義詮は入山を拒否される。
⑨	1355	正月	尊氏，直冬に追われ山上へ避難。
⑩	1443	9月	後南朝尊秀王ら，宮中に侵入して三種の神器を奪い叡山に籠もる。山僧これを殺す。
⑪	1570	10・11月	朝倉義景の軍勢が叡山に籠もり，洛中にしきりに侵入して信長軍を攻撃。

叡山年表

二度も叡山へ逃れていることが目を引くだろう。後者は半年以上の長期に及ぶ籠城戦となった。皇居が半年も叡山に移転していたのだ。

†半年間の叡山籠城戦

一三三六年正月に京都を奪取したものの、二月の戦いに敗れて九州に落ちた尊氏は、四月三日に九州を出発し、五月二五日に湊川《みなとがわ》の合戦で楠正成を破り、二七日に後醍醐・義貞を京から叡山に追った。ここまでは快進撃だったが、これからが大変だった。尊氏・直義、そして高師直《こうのもろなお》が六月五日から二〇日まで、連日攻めに攻めたが叡山は落ちなかった。直義は西坂本に布陣した。西坂本と比叡山山上を結ぶ表参道の雲母坂《きららざか》という坂が主戦場となった。

叡山の門前といえば、反射的に滋賀県大津市坂本、「東坂本」を考える人が多い。これはやや不正確で叡山の正面玄関は西坂本である。叡山から雲母坂を下ったところ、現在の修学院離宮《しゅがくいんりきゅう》にほど近く、京都の東北の鬼門とされる赤山禅院《せきざんぜんいん》周辺が西坂本である。隠れた紅葉の名所として知られている。

叡山の嗷訴《ごうそ》や日吉神輿の動座は、必ず雲母坂を経由する。朝廷から叡山に遣わされる勅使もここから登るのが例である。幅十五メートルほどのやせ尾根の中央部を強引に掘り下げて参道を造っている。花《か》崗岩《こうがん》が剝き出しになり、文字通りキラキラと光る雲母坂の景観は圧巻である。現在遊歩道となっているこの道を登りきると比叡山山上である。振り返ると京の様子が手に取るように見える。一方京から山上の様子は全く見えない。叡山で赤々と焚かれる篝火《かがりび》に、京の人々は幾度恐怖の夜を迎えたことだろう。ここは京都を一望する絶好のスポットだが、それはそのまま山上と山下の絶対的な戦略上の有利不利を意味する。

関東武士を主体とする足利勢は山慣れず、山地の合戦に苦戦した。得意の騎馬戦ができないのである。山岳地帯に住み狩猟に慣れていた熊野社司湯《ゆ》河《かわ》氏の軍が善戦しただけである。数年前には鎌倉幕府軍が楠正成の赤坂・千《ち》早《はや》城での山地ゲリラ戦に苦しんだ。

六月二〇日、西坂本の合戦に大敗した尊氏は戦術を変えた。京都に逼塞《ひっそく》し攻撃の手を休めた。これに誘い出されて叡山を打って出た天皇方は、二七日に直義の本陣三条坊門邸を襲うなどしたが、三〇日の合戦に敗れ、以後天皇方が優位に立つことはなかった。この一連の京都攻防戦が、尊氏・義貞の運命を決定づけた。今は美しい登山道となっている雲母坂は、天下分け目の古戦場なのだ。

†叡山包囲網

直義はこの月、日吉社に戦勝祈願をした。神仏習合の当時、延暦寺と日吉社は同体であ

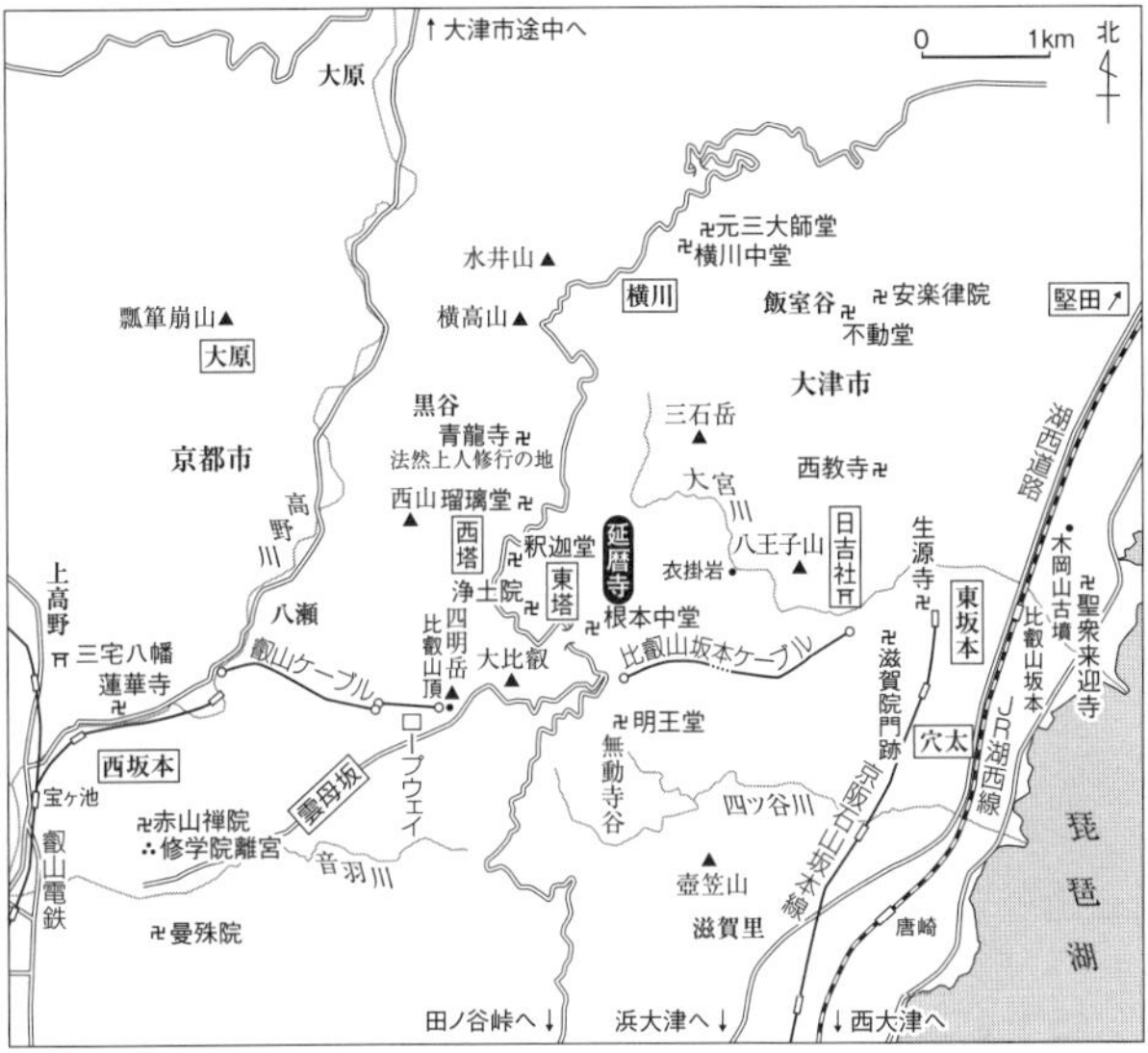

比叡山山上図（「延暦寺」週刊古寺をゆく10，小学館より）

る。七月一八日には、尊氏が叡山末寺かつ日吉末社の感神院祇園社《かんじんいんぎおんしゃ》などに対し、内乱で失われた鎌倉時代の旧領回復を約束した。味方に向けたものというよりは、敵、あるいは帰《き》趨《すう》のはっきりしない勢力に訴える策略で、つまりは叡山懐柔策である。

叡山攻めが思うように進まなかったのは、戦術的にいえば山岳合戦の失敗であるが、より大きな理由があった。京都の経済は叡山なしには成り立たないのだ。米は叡山領荘園の多い越前・加賀、さらに膝元の近江から来る。それを運ぶ琵琶湖の舟運は叡山に握られている。その米を京に運び入れる運送業者もまた、叡山の支配下にある大津・坂本の馬借《ばしゃく》である。彼らの活動が停止したため、京都は物資欠乏がはなはだしくなった。

京都には金融業者の土倉《どそう》が約三百軒あるが、このうち二百四十が叡山に属し「山門気風《さんもんきっぷ》の土倉」と呼ばれた。本業の他に金融業を兼ねる酒屋・米屋のほとんど、油屋の大多数も、叡山に収益の一部を運上する存在である。土倉は別名を土蔵《どぞう》という通り、耐火性に優れた土蔵造の蔵を持つ。高利貸的側面が強調されるが、貸し付けとともに預金も引受け、銀行のような機能を果たしていた。盗賊よけと債権取立てのための武力組織、土倉軍も持っている。これらの業者全部を敵に回したら、尊氏・直義の日常生活そのものがなりたたない。この合戦のさなか、一一月に制定された室町幕府の基本法、建武式目《けんむしきもく》では、戦乱で荒廃した土倉の復興政策を打ち出している。とはいえその土倉の八割は叡山無縁所につながる存在だから、これを保護することは、敵が叡山を占拠した場合に、不気味な拠点となりうることをも意味する。

尊氏は越前に、一族で後に管領《かんれい》家の祖となる斯波《しば》高経《たかつね》を置いて北国を固め、佐々木導《ささきどう》誉《よ》・小笠原貞宗《おがさわらさだむね》に命じて、琵琶湖の湖上交通を止め、逆に山門の兵糧を絶つ戦略に出た。これでようやく叡山・後醍醐を追い詰めることができた。

†窮鳥――玄慧法印の雄弁

戦い敗れて京都に軟禁の身となった後醍醐は、一二月二一日、京都を出奔《しゅっぽん》し、高野山から吉野に走った。翌年正月、尊氏は天皇を匿《かくま》い非常な苦戦を強いられた叡山の処置について評定《ひょうじょう》を行った。謀反人と見なして滅ぼすか、存続を許すかである。この時新田義貞は叡山領荘園の多い越前に逃れて、依然として京をうかがっている。この会議の模様が『太平記』に描かれている。尊氏・直義・高師直・上杉重能《うえすぎしげよし》、ほか多数の評定衆が列席した。次々に厳しい意見が出た。「京の住民を煩わすのはいつも山門だ」「あって無益なものは山門、なければかえってよいのは山法師だ」「仏敵だ」「延暦寺を永年の仇敵の園城寺の末寺にしてしまえ」「寺を廃止して僧を追い出し、所領を没収して軍勢を駐屯させろ」などなど。ここで玄慧《げんえ》法印に意見が求められた。玄慧は天台教学を学ぶ一方、儒学や漢詩文にも通じていた。後醍醐天皇の宋学《そうがく》の師でもあり、倒幕の密議が行われたサロンは玄慧が主任教授の役どころであった。建武新政崩壊後は足利氏に用いられ、幕府の参謀となり、建武式目の答申者の一人でもある。動乱の時代を、公家・武家双方に重用されて生き抜いたしたたかで有能な人物である。北小路（現在の今出川通）にあった叡山末寺の毘沙門堂《びしゃもんどう》という大寺に住していた。玄慧は延暦寺の由来や霊験《れいげん》を述べた後、次のように述べた。

後醍醐天皇を二度も受け入れた叡山はたしかに悪い。だが「窮鳥懐に入れば狩人もこれを殺さず」というではないか。ましてこの場合、窮鳥は天皇である。人情としてだれが拒絶できるだろう。今この時、武将が恨みを忘れて度量を示せば、かえって幕府のための祈禱に専念するだろう。足利氏の幸運を祈る無二の味方となるのだ。

この一言でみな納得し「山門ナクテ、天下ヲ治《おさむ》ル事有《ある》マジ」と了解した。叡山の勢力は温存されることになった。玄慧は天台僧だが叡山の代弁者ではなく幕府の一員である。これは叡山の自己弁護ではなく、世俗側の見方なのだ。

「窮鳥」は七世紀初頭の『顔氏家訓《がんしかくん》』という中国の家訓にある言葉で、当時の人々の一般教養であった。この軍議の模様から、当時の無縁所観――困っている人が逃げ込んできたら、ともかく命だけは助けるのが当然だ……という考え方、消極的ながら無縁所を容認する思想風土が見てとれる。これは仏教思想と相容れないものではないが、仏教思想そのものではない。無縁所の理念は必ずしも仏教起源ではないし、寺院だけの論理でもないのだ。

この軍議直前の一二月二一日、後醍醐天皇は京都を脱出、高野山に入ろうとしたが、戦乱に巻き込まれるのを恐れた高野山が受け入れを拒否したため吉野に駈込んだ。直義は正月四日、この高野山の対応を賞する手紙を出している。駈込みを許した場合、高野山は戦いに巻込まれ、平和領域という特長が損なわれるおそれがあるのだ。無縁所は窮鳥を好んで受け入れるのではないし、無条件に受け入れるわけでもない。また別に駈込人に加勢するというわけでもないのだ。年表の⑧の例では一三五三年に、足利義詮が同じ理由で叡山への駈込みを拒否されている。高野山はこの後、南北朝のいずれにも味方せず、中立を保つ旨の平和宣言を出すことになる。

もっとも「平和領域」といっても無縁所内部の個々の人々の行動は別の問題である。道場坊祐覚や多門坊、また俊章のように、個人的に所領や名誉を求めるものは後を絶たない。

†歴史史料小論

歴史家は普通、玄慧法印のエピソードのような「物語だけに現れる記事」をそのまま鵜呑みにしたりはしない。ただこの記事は信頼してよい。玄慧自身が『太平記』編纂に携わっているからだ。直義が僧円観《えんかん》に太平記の草稿を持参させて、玄慧に音読させ、それを聞いたうえでその誤りの訂正を指示したことが、九州探題だった今川了俊《いまがわりようしゆん》の書物に書かれている。『太平記』の原型は、室町幕府が編纂した歴史書だったのである。直義・玄慧・円観没後にも書き継がれ、現在のように大部のものになった。

ここで歴史史料論を述べておこう。平安時代の文書の大半を載せた『平安遺文』（東京堂出版）という文書集がある。収録点数約五千通である。平安時代全体でこの程度なのだ。この九五パーセントが寺社所蔵文書である。確実な史料である文書は、ほとんど寺社にしかない。奈良・平安時代の朝廷文書はない。鎌倉幕府文書も一通も残っていない。鎌倉幕府史はゼロからスタートするしかないのだ。

では朝廷・幕府史は復原不可能かというとそうでもない。寺社文書に朝幕の法律や命令が偶然残っていることがある。これを材料に鎌倉・室町幕府法の条文を復原するのが常道である。永仁《えいにん》の徳政令の本文は、若狭の百姓が東寺に提出した訴状の添付史料でわかる。土地売買証文の但書に幕府法が引用されていて、これにより法が復原できるのだ。

政治の動きも次のようにして復原できる。「〇月〇日の合戦で〇にある私の土地の証文が焼けたので、隣人たちに証人になってもらい、権利を再確認する」という文書があれば、政治事件の日時と場所がわかる。幕府文書から幕府の実態を復原しようとしても、存在しないのだから不可能である。付言すると、鎌倉幕府研究には致命的ともいえる欠落がある。幕府の財政基盤が全くわからないのだ。幕府は御家人たちに軍事奉仕を要求するだけで税などは取らない。幕府の運営は、幕府直轄領、関東御領（将軍名義の荘園）からの年貢を使って行われた。ところが幕府文書が存在しないため、関東御領がどこにあり、年貢率がどうだったか、などの基本的問題がわからない。一方、寺社の財政はわかるところのほうが多い。最初に述べたように、寺社文書と貴族の日記によって、幕府の姿はぼんやりと浮かび上がってくる。ただし、ぼんやり、以上ではない。

†信長め！

寺社史料は原則的にその寺社が関係した事実だけを語っており、大きな政治的事件があっても、その寺社が関係していなければ史料は残らない。そういう意味では限界がある。けれども寺院史には朝廷史・幕府史とは異なり、旬の史料をそのまま素材にできるという大きな利点がある。とにかく史料があるのだ。文書及び日記の現代語訳だけで、東大寺・高野山史ほか、寺院史は一応書くことができる。ナマの素材は寺社にしかない。本書で書いている寺院史は裏面史ではない。断片的ではあるが表の歴史なのだ。

　ところが延暦寺史はこの方法では書けない。信長の比叡山焼討によって、国内最大の文書ストック、延暦寺文書が焼失してしまった。寺院史だけの問題ではない。これは政治史の研究にとっても大打撃である。われわれは延暦寺が誰によってどのように運営されていたか、という重要な問題を追求することができなくなってしまった。本書も「ここで終り」としなければならないほどの危機を迎えている。そのため次章以下の記述は、東大寺文書・高野山文書などに頼らなければならない。信長は歴史学者にとって最も憎い敵なのだ。信長め！

二章

境内都市の時代

高野山奥之院廃棄石仏（著者撮影）

仏教も、死も、墓所も、何も恐れない無神論が中世寺社勢力を覆っていた。

あなたがエジプトを訪れたとしよう。あなたは地中海の青空を見上げ、ピラミッドやスフィンクス、さらに巨大な石柱と石材に彫られたレリーフの美しさに感動し、かつて安置されていたミイラに思いをはせ、エジプト文明を満喫するだろう。だがエジプトの神々、エジプトの宗教に思い至る瞬間があるだろうか、おそらくないだろう。これはパルテノン神殿を見た時も同じ。国内なら巨大古墳を見た時でも同じである。それはそれでよいのだ。

耳学問や先入観があるとこうはいかない。京都・奈良観光の際も、実際見ているのはやはり偉大な文明なのだが、予断として持っている仏教知識？　によって視線が歪むのだ。この予断というやつが問題で、思想的意味付けから、さらに進んで価値判断にまで至る。どこかに最初から結論を用意し、何も実態を見ないまま、最初の結論を再確認したつもりになる。

日本の古代寺院は、宮殿でもめったに使われない瓦《かわら》で屋根を葺き、造出のあるみごとな礎石を使用し、柱や壁に極彩色を施した豪壮な建造物である。飛鳥の川原寺は、当時宝石として使われた大理石を礎石として敷き並べている。こんな宮殿はない。寺院は間違いなく当時最高の、皇居以上の豪華建築である。古代の規模を今に残す東大寺大仏殿を見ればすぐわかるだろう。中世はというとやはり最大の建築は大仏殿であった。

寺社空間は「どれほど」ぜいたくなものであったか。戦国時代の京都を描いた『洛中《らくちゅう》洛外図《らくがいず》』を見ると、寺院はすべて瓦葺《かわらぶき》、御所《ごしょ》・内裏《だいり》・管領邸《かんれい》が檜皮葺《ひわだ》、町屋は板葺、農家が茅葺《かや》または草葺、と明瞭に描き分けられている。費用は、瓦・檜皮・板・草の順に高価である。風俗のちがいではなくステータスの差の反映である。世俗世界は、権力者の政庁であっても貧弱な施設を持つに過ぎない。宮殿・御所建築でも、古い時代ほど土に柱を埋めこんだ掘立柱《ほったてばしら》の建物が多く、基礎に礎石を使うことは少ない。俗人の家屋敷はたとえ天皇家や摂関家のそれでさえ、東大寺《とうだいじ》大仏殿・興福寺《こうふくじ》五重塔・根来寺大塔《ねごろでらおおとう》などの足下にも及ばない粗末なものであった。寺院を超える豪華建築は、安土城《あづちじょう》以前には皆無である。

巨大古墳を見るように寺院を見る目、文明の造作、モノとして見る視点は、十分ありうる姿勢なのだが、こうした客観的視座に立つことは意外に困難なことなのだ。もちろんこういう見方だけで十分だとはいえない。一面的だ。だがこの一面は動かしようのない明々白々な現実である。モノだけを扱う考古学は、比較的予断を持たずにすむようだ。

中世寺院に限らず、寺院一般を宗教空間・遁世空間・無常空間・聖域ととらえる考えは、通念となっておりあまり疑う人がない。だがこれは一面しか見ていない誤解である。モノとして見る見方よりも、客観性がない分だけさらに始末が悪い。多くの巨大建築に囲まれて生活している現代人の錯覚に過ぎない。寺院はまず第一に、当時における最も豪華な前衛空間なのだ。

1　最先端技術

†鎌倉・安土・江戸を作った人々

一一八一年、鎌倉に居を定めた頼朝《よりとも》は、まず最初に鶴ケ岡《つるがおか》八幡宮寺《はちまんぐうじ》の若宮《わかみや》造営に着手した。ところが材木が由比ケ浜《ゆいがはま》にすでに着いていたにも関わらず、相模国鎌倉郡の郡役所の所在地だったにも関わらず、武士の都鎌倉には、どこを探しても、この工事を行うだけの技術を持った大工がいなかった。そこでわざわざ武蔵浅草寺《せんそうじ》の「郷司《ごうじ》」という名の大工を呼んで普請を行った。武家の都、鎌倉の建設工事は寺院付属大工によって始められた。

石垣積《いしがきづみ》の城郭革命を起こした織豊《しょくほう》政権に先行して、根来寺《ねごろでら》（和歌山県岩出《いわで》市）・平泉寺《へいせんじ》（福井県勝山市）という強大な軍事力を誇る寺院が、高度な石積施設をもっていた。石垣で敷地の四方を固めた子院《しいん》をもち、周囲の山上に土塁を築いた根来寺城館が白眉である。また当時全国どこにもなかった玉石敷《たまいしじき》の長大な道路と石塁《せきるい》に都市全域が囲まれた平泉寺の偉観も類をみない。隣にある越前の首都、戦国大名朝倉氏の城下町、特別史跡の一乗谷《いちじょうだに》朝倉氏遺跡よりも豪壮な石垣文明の街なのだ。

安土城をはじめ、信長の城の石垣作りを行った穴太衆《あのう》は、東坂本の西隣、比叡山《ひえいざん》領穴太荘に住むもと叡山傘下の石垣職人である。法隆寺《ほうりゆうじ》の宮大工《みやだいく》中井正吉《なかいまさよし》・正清《まさきよ》は、安土城のモデルとなった奈良の多聞山城《たもんやま》を作り、後にその技術を買われて大坂城の作事《さくじ》大工頭《だいくがしら》に任命され、家康《いえやす》の頃には五畿内・近江の大鋸《おが》支配を命ぜられ、二条城・江戸城の作事に関与した。

一一六六年に、中世最初の山城を建設したのは比叡山である。武士の城館建設よりも、先行している。鎌倉武士の城郭は濠《ほり》と土塁をめぐらしただけの簡単なものが多く軍事性に乏しい。叡山は東塔《とうとう》・西塔《さいとう》・横川《よかわ》の三地区からなり、このブロックを三塔という。さらにそれが十六の谷にわかれ、それもまた細分化されている。ここに僧侶たちが日常住む子院があった。東塔・西塔地区には、原地形を平にして建築スペースを確保した敷地造成跡と、城壁の役をする土塁が現存する。横川にも堀切《ほりきり》状の地形がみられる。叡山には発掘例の少ない中世前期の山城遺構が保存されている可能性が高く、この地の発掘からは目がはなせない。なお「城郭」は仏教語である。

†最新技術者たち

人々が都市に流入する理由はいろいろある。雇用機会の多さがその最大の理由だが、スキルを身につける機会の多さも魅力である。寺院はそうした技術を学びうる場であった。鎌倉末期の比叡山僧光宗《こうそう》は『渓嵐拾葉集《けいらんしゅうようしゅう》』という本で、自分は仏教以外に、武術・医学・土木・農業などの俗学を学んだと述べている。中世寺院は学問や技術に優れた僧侶を多く輩出した。鎌倉時代、漢字を書ける武士は少ない。武士の文書は多く平仮名で書かれている。対して学侶で漢字を書けないものなど一人もいない。文化度は段違いである。

寺院では高度な手工業技術が研究され、実際に製品の大量生産がおこなわれた。寺院は先進文明・先進文化を生産しつづける場であった。最高の先生が集まっている教育の場であり、多数の人材を輩出した。中世テクノポリスがここにあった。ルイス・フロイスは、叡山を「日本の最高の大学」とみた。ヨーロッパの大学都市の姿を見たのだろう。

2 都市の発見

東大寺境内都市図(永島福太郎氏『奈良』吉川弘文館より)

†東大寺境内の景観

十一世紀の東大寺境内《けいだい》の様子を見よう。最初に大仏殿・戒壇院《かいだんいん》・門・築地大垣《ついじおおがき》、ついで今小路・水門《すいもん》・上司《かみつかさ》・雑司《ぞうし》の位置を地図で確認したうえで、以下を読んでいただこう。

一一六一年に、戒壇院の東の小字、上司の宅地が、僧の印《いん》厳《げん》から俗人の美和《みわ》気貞《けさだ》に売られた。長男の僧印西《いんさい》、二男の鷲王《わしおう》(子供だろう)、娘の文姉《あやのあね》子《のこ》が連帯保証人になっている。売買契約書には「東大寺印」という公印が九つ押してある。

一一六三年には、ここととは別の上司の宅地が僧林俊《りんしゅん》から平姉子《たいらのあねのこ》という俗人女性に売り渡された。水門にあった楞伽院《りょうがいん》は、一一四三年以前から油屋・金融などを営んで莫大な収益を挙げ、東大寺の経済を支えた。

寺院境内は聖地であり、私有地などになりえないはずである。中世ではこれが私的所有の対象となり、俗人の手に流出することもあった。律令制下では土地売買の承認は国司・郡司の役割である。中世の東大寺はその立場にある。個人所有を否定すべき東大寺自身が、取引の承認者として証拠の印を据え、登記所の役割をしているわけだ。また寺院境内に、仏教とは関係ない工場を備えた商店がある。当時としては大工場である。

中世、寺社境内は僧侶を職業とする「僧の家」という家族に相伝されていた。現在の僧侶と同じく世襲である。世襲は別に新しいことではなく、平安時代からずっと続く伝統である。大仏殿や正倉院《しょうそういん》・戒壇院などを残して、東大寺の境内と門前は、聖地空間ではなくなり、売買されそこで日常生活が営まれる世俗空間となった。僧侶というよりは生活者である人々が、俗人と入り交じって暮していた。

東大寺境内の中世景観は、現代人が「当時の人になって」実感することができる。南大門《なんだいもん》を経て中門《ちゅうもん》のところで正面の大仏殿へ行かず左折する。皆さんが住んでいるようなごく普通の住宅地がつづく。住宅を中世風に改造すれば、そっくりそのまま中世都市景観が復活する。さてしかし、この地点はまぎれもなく築地大垣に囲まれた東大寺境内なのだ。

南都では、十一世紀の中葉から、宅地の売買契約書が増加する。「小路」という言葉が、京・大宰府《だざいふ》以外で初めて使われるのは南都、一〇五〇年、僧道誓《どうせい》の宅地売却証文である。大路は東海道や朱雀《すざく》大路のような主要道を指す。小路は住宅地域にある小さな道路を言い、都市化した地域にしかない。南都はこの頃すでに人家密集地であった。一つの宅地や家を団地やアパートのように分割している場合もある。道誓の土地の権利書も興福寺本坊に保管され、「大和国守護職《しき》」の興福寺も東大寺同様の登記所で、所有権認定者であった。

都市化と同時に近隣の家同士の連帯も始まった。すでに一〇六五年以前に町ブロックの「今小路郷」ができていた。楞伽院周辺は、東大寺七郷の一つ水門郷の中核となる。また一一四六年以前に、東大寺境内・門前の町ブロックからなる「東大寺郷」という都市共同体が成立していた。ブロックの結束は今日の町内会の比ではない。鎌倉末期以後、東大寺七郷は、領主である東大寺や大和守護職の興福寺に抵抗する自治組織に転化する。

†駈込んだ人々

中世、宮殿を超える前衛空間たる寺院境内には、ありとあらゆる老若男女僧俗貴賤《ろうにゃくなんにょそうぞくきせん》が、それぞれ中心聖域にまで立入ることが許されていた。東大寺大仏殿・興福寺南円堂《なんえんどう》などは、それぞれ大仏安置の地、観音霊場として、誰でも立入り可能であった。身分制が厳しかった時代に、これは驚くべきことである。一方、院御所・内裏・幕府御所、あるいは寺院でも皇族や摂関家の子弟が入る門跡寺院はどうか。低い身分の人々が、許可なく立入ることはできない。庶民の立入りが、自由に、そして原理的に可能だったのは、無縁所たる寺院境内だけであった。一切衆生、すべての生きとし生けるものに対し門戸を閉ざすことのない仏教思想の果たした役割は大きい。境内は立入りをとがめだてする厳粛で閉鎖的な聖地空間ではないのだ。女人禁制《にょにんきんぜい》も建前の域を出ない。女人禁制で知られる高野山《こうやさん》でも、戦国時代には境内の宿坊《しゅくぼう》に夫婦で参詣人が宿泊している。

寺への駆込人として最も多いのはやはり貧窮民である。一四五九年、高野山は、会堂《えどう》の縁《えん》にたむろする行脚《あんぎゃ》や乞食《こじき》に対し中心地域からの立ちのきを命じた。全員参加の大集会をおこなう会堂の縁に、行脚・乞食・路上生活者などの弱者が、食物をめぐまれつつ数多く住んでいた。高野山は、境内から出て行け、と言っているのではない。境内での居住は認めているのだ。ここは難民キャンプである。彼らはここでしか生きられないのだ。「自由即死」の中世社会だが、寺院境内・門前だけは例外である。最低の生活であれ生命体として生存できる寺院空間は、過酷な社会のなかで唯一の、優しい空間である。

†境内都市の発見

スカイスクレーパー（摩天楼）がそびえ立ち、住宅街・商工業地があり、周辺には貧窮民が集まる寺社境内、普通こういう場所をなんと言うであろうか。都市、というよりほかはないだろう。筆者はこの都市を「境内都市」と名付けた。ピラミッドや古墳を見るのと同じ目で素直に見てほしい。寺そのものが丸ごと都市なのだ。この事実を初めて指摘したのが筆者で、現在学界の通説になっている。正直言ってなぜ筆者が初めてだったのか理解できない。それほどの発見とは思わない。こんなことはとっくに誰かが気がついていなければならなかった。みんな目が曇っていて、寺を「宗教施設」と決めつけていたということだ。戦国時代の一向宗《いっこうしゅう》・日蓮宗《にちれんしゅう》寺院の境内も同じもので、「寺内町《じないまち》」として以前から知られていたが、これは平安時代から存在する境内都市の一形態に過ぎないのである。

しかしこの簡単な発見の意味するところは大きかった。平安末期の都市は京・太宰府・平泉ぐらいで、少し遅れて鎌倉が現れる程度、日本は大半が農村からなる農業社会である、というのがそれまでのイメージであった。ところが大寺社がすべて都市ということになれば、ギリシャの都市国家のように、平安末期の近畿地方は、南都《なんと》北嶺《ほくれい》ほか、東寺《とうじ》・醍醐《だいご》寺《じ》・石清水八幡宮寺《いわしみずはちまんぐうじ》・四天王寺《してんのうじ》など、無数の都市に満ちた都市社会だということになる。

†地上のタイムカプセル——高野山金剛峯寺

今日も篤い信仰を集める高野山金剛峯寺《こんごうぶじ》は、標高八百〜千メートルの高地にある。周囲を山に囲まれており、細い谷々が枝を伸ばしたような形に広がる。高野山の中心は二つある。一つは金堂《こんどう》・大塔《おおとう》・大会堂《だいえどう》などの巨大建築が立ち並ぶ壇上伽藍《だんじょうがらん》と呼ばれるブロックで、真言密教《しんごんみっきょう》の「学山《がくざん》」、高野山の中心である。もう一つの中心は、日本民間信仰の一大中心で、今も弘法大師《こうぼうだいし》空海《くうかい》がその中で生きたまま修行しているという、大師入定《にゅうじょう》伝説に彩られた奥之院で、周囲に日本最大の中世墓地が広がる。「霊山《れいざん》」高野山の象徴である。比叡山では東塔・西塔が学山、横川が霊山にあたる。高野山には多数の文書があり、全部で何通あるのかすらわかっていない。中世史研究の絶好の素材となっている。

織田信長に大坂の石山本願寺《いしやまほんがんじ》を追われた一向宗の門主顕如《もんしゅけんにょ》は、一五八六年、高野山の子院巴陵院《はりょういん》に一時身を寄せた。巴陵院は現在宿坊になっており、親鸞《しんらん》の「時雨御影《しぐれのみえい》」を伝えている。顕如の日記によれば、高野山には全部で七千坊の子院があった。高野山は前年に秀吉《ひでよし》に降伏したばかりで、顕如が描いているのは中世高野山の最後の姿である。一坊の居住者を十人とすれば人口七万人、二十人なら十四万人である。

現在の高野町は、人口約四千人（二〇〇七年度統計）で人口は激減している。だが年間

高野山と院々谷々略図(堀田真快氏『高野山金剛峯寺』(学生社)より作図)

三十一万三千人、毎日八百五十人の宿泊客がいる。これに日帰り客、年間百二十五万人を加えたものが昼間人口である。だからさびれた町という印象は全くない。むしろ宿坊・住宅・店舗の立ち並ぶ一大観光地である。中世でも「人口」の中に参拝者、及び参拝者もどき、を含めないわけにはいかない。中世の賑わいは言語に絶するものがあったであろう。

一五九三年、俗人の住居は一軒もない高野山山上に「間別銭《まべちせん》」が懸けられた。これは建物または敷地の間口に比例して徴収される都市税で、山村や農村にこのようなものはない。高野山という寺院そのものが都市だったことを端的に示す。この時は秀吉に降伏してから八年しか経っていないので、まだ中世都市の姿を残している。山上は、四ケ院《しかいん》と呼ばれる西院《さいいん》・南谷《みなみだに》・中院《ちゅういん》・谷上院《たにがみいん》・千手院谷《せんじゅいんだに》・往生院谷《おうじょういんだに》・五之室《ごのむろ》・小田原谷《おだわらだに》・蓮華谷《れんげだに》などの院々《いんいん》谷々《たにだに》に分かれている。近隣の子院が集まって「組」を作っていた。たとえば金剛三昧院組《こんごうざんまいいんぐみ》には、金剛三昧院・生印坊《しょういんぼう》・仙音坊《せんおんぼう》・覚林院《かくりんいん》・五坊《ごぼう》・栄任坊《えいにんぼう》・覚証院《かくしょういん》が属する。京の都市共同体の「町組《まちぐみ》」に対比できよう。各組は二〜十程度の子院からなる。

高野山は冬期には氷点下十度まで下がり、雪に覆われる気象条件の厳しい極寒地である。この条件を考えると、ここは今日も中世も、メガロポリスといってよい人口密集地である。

今の高野町の人家地域は、旧高野山境内と一致する。周囲を山に囲まれ冬期は雪に閉ざされる高野山境内は、中世都市の姿をそのまま今日に伝えているのだ。

†地下のタイムカプセル――根来寺

和歌山県岩出市、大阪府と和歌山県の境界にある根来寺は、北になだらかな和泉山脈があり、南には前山《まえやま》という壁のような山が屹立し、東も山地である。三方を山に囲まれた天然の要害に加えて、さらに砦や城壁となる土塁を人為的に築造した城郭都市である。西だけが開けており、大門の西に南北に延びる根来街道という交通路があり、北へ峠を越えると和泉国、南に下ると紀ノ川である。紀ノ川からは備前焼や中国陶磁器が運ばれた。

根来寺境内には、総数約三百の井戸などの生活施設を伴う子院跡が、すきまなく密集している。大門内外すべて、狭い谷筋の最上段に至るまで、階段状に子院の敷地が造成されている。門前にも百五十の子院跡があり、五百以上の子院跡がある。高野山より小さいようだが、ここは平地の街道沿道に位置するから、人口はおそらくずっと多かっただろう。

発掘調査では、寺の象徴である国宝の大塔《おおとう》から、わずか二百メートルを隔てるばかりの至近、火事の際大塔に類焼する危険のある近い位置から、油屋と推定される埋甕《うめがめ》施設を備えた子院跡が発掘された。ほかにも大人が二・三人中に隠れられる巨大な甕、それを十個以上並べた遺構が多数ある。油屋・紺屋《こうや》・酒屋のいずれかである。また地図にある筒井《つつい》坊《ぼう》・理性院《りしょういん》などの子院名を刻印した漆《うるし》の椀や、武具・鉄砲玉が出土している。根来塗は装飾が少なく、何重にも漆を塗り重ねた堅牢さを特徴とする日用品で、全国的に流通した。門前の西坂本でも漆塗職人の家が発掘されている。根来寺境内の家は、ほとんど瓦屋根で仏具も出土しており、明らかに寺院である。根来寺境内は、その全域が、法体《ほったい》職人が集住する一大工業都市だったのだ。これは衝撃的な発見であった。

一五五〇年以前に、境内の蓮華谷に「ヌリヤ小路」(塗屋小路)があった。土蔵造の子院が並ぶブロックで、金融業者の土倉《どそう》・蔵が立ち並ぶ小路である。

「nuriya. 外面を粘土で塗った屋根のある家」。『日葡辞書《にっぽじしょ》』という室町末期のポルトガル語で書かれた日本語辞書の一項目である。イエズス会の神父が布教マニュアルとして編纂した辞典で、日常会話に頻繁に使われた日本語が採用されている。日本で最初の国語辞典らしい国語辞典はポルトガル語で書かれたものだ。

一五六〇年には、行人《ぎょうにん》の有力者泉識房《せんしきぼう》の住居付近が「泉識小路」と呼ばれていた。境内が谷ブロックに分かれ、その中に小路があって、小路に面して子院がある、という高野山と同じ都市構造をとっている。根来寺は高野山の分派であるから、四ケ院の模倣であろう。「菩提谷七番　円蔵院」という住所を表示する今日と同様の地番制が存在した。

都市全体を見渡すと、岩盤を二段に削り出した、深さ約三メートル、幅三〜五メートルという長大な溝が発掘されている。子院の排水路から集水する幹線排水路とみられる。根

根来寺遺跡(「日本の中世遺跡」東京大学出版会をもとに作成)

来寺は谷あいの地形を利用し、都市計画に基づいて造られた都市である。

宣教師ルイス・フロイスは、根来寺僧について「俗人の兵士の如き服装をなし、絹の着物を着し、富裕である故、剣および短剣には金の飾りを付し、衣服は俗人と異なるところがない。ただし頭髪は背の半ばに達するまで長く延ばして結ぶ」と記す。俗服で有髪という姿が描かれている。俗人と区別がつかない根来寺僧の姿である。

秀吉の焼討にあって、中心部を残して全焼した根来寺は、江戸時代、大半が畠となった。中世以後は開発がなく、場所によっては中世の遺構が地表に露出している。発掘調査は考古学史上に残る成果を上げた。平安京跡で中世京都の跡地でもある京都の町はその後もずっと都市であったから、再開発、再々開発によって壊されており、たとえ完掘できたとしても、古代・中世の町を見ることはできない。近年各地で境内都市が発掘されているが、根来寺はやはり白眉である。根来寺は一五八五年の境内都市のタイムカプセルなのだ。

†僧の家――不邪淫戒違犯？

東大寺は「乱れて」いる。不邪淫戒《ふじゃいんかい》の戒律を守る独身者であるはずの寺僧が子供を持っている。破戒僧を認めるのか。僧侶の資格付与儀礼の授戒会では、僧として守るべき戒律を授ける。その一つには不邪淫戒が含まれる。授戒のための施設、戒壇を持つのは日本中

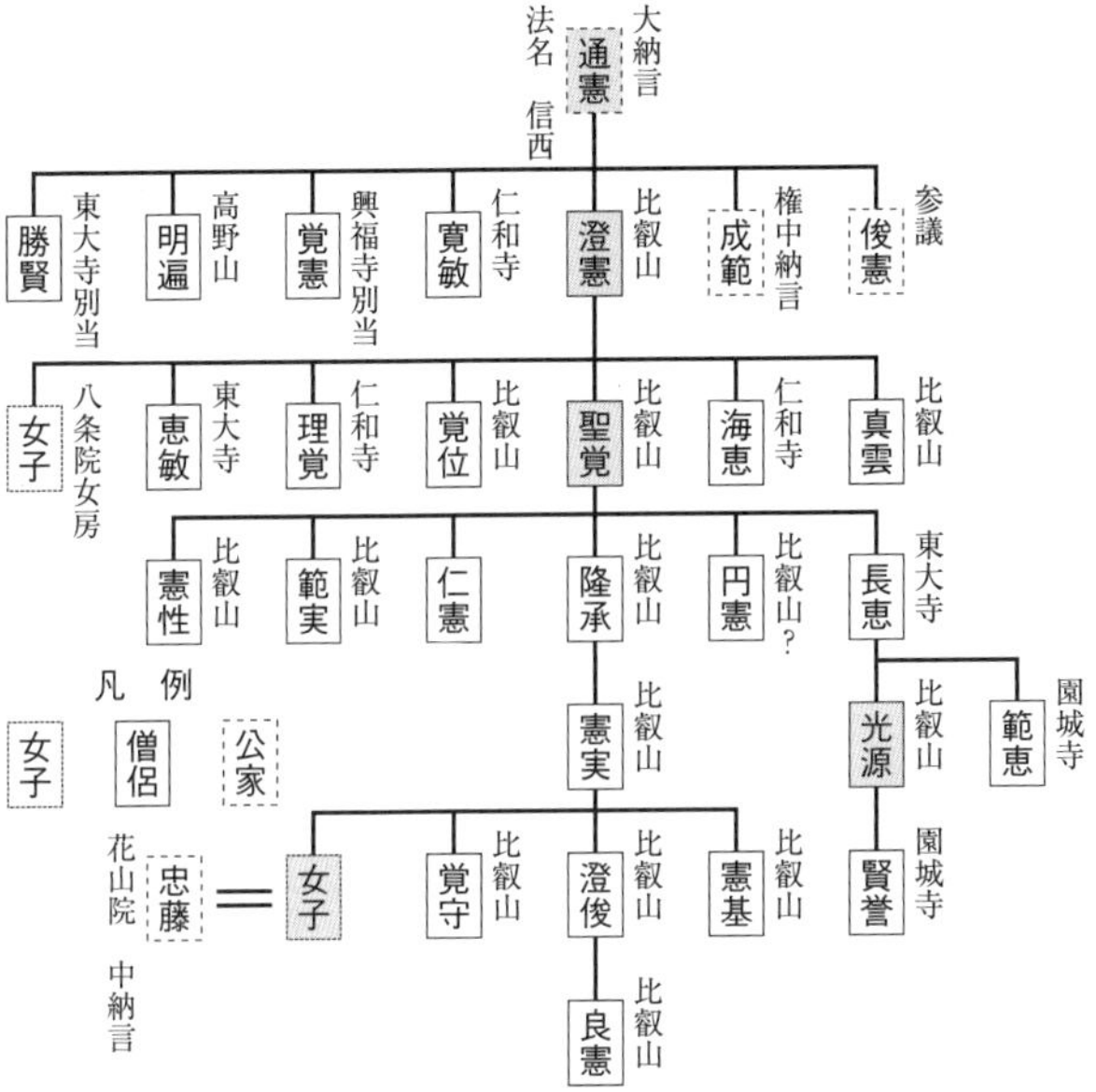

図２　安居院系図

で東大寺と延暦寺だけである。その東大寺戒壇は目と鼻の先にある。また女人は修行の妨げになる。寺に参拝することはできても境内に宿泊はできないはずだ。にもかかわらず宿泊どころか平姉子《たいらのあねのこ》という女性が境内に住んでいる。仏教に反する非常識がまかり通っている、と思う人がいるだろう。誤解を解いておきたい。

後白河《ごしらかわ》天皇腹心の信西《しんぜい》（藤《ふじ》原《わらの》通憲《みちのり》）の子、澄憲《ちょうけん》という山僧は『平家物語《へいけものがたり》』を生み出した安居院《あぐい》流という説経の最大流派の祖である。彼は鹿ケ《ししが》谷《やつ》の謀議にも加わっている。その子聖覚《せいかく》も叡山の有力者であった。彼はまた法然《ほうねん》の弟子でもあり、今日真宗寺院でその像を安置しているところもある。隠れた浄土真宗《じょうどしんしゅう》祖師の一人である。ただし彼は法然教団が弾圧された時には弾圧側に回った。朝廷の尊崇を集めた人物で、藤原定家はその訃報を聞いて悲嘆にくれた。聖覚の孫の光源《こうげん》は、一二六四年に叡山の嗷訴を指揮し、皇居・仙洞《せんとう》（院の御所）・園城寺《おんじょうじ》に放火した罪で追討され、ここ東大寺水門郷に逃れたところを東大寺に発見され、捕えられる寸前に自害した。いわゆる悪僧である。この家系は叡山のほか、東大寺・仁和寺《にんなじ》・園城寺でも出世した実力者で、代々僧侶を世襲する名門として脈々と続いた。聖覚の曾孫の娘は中納言花山院《かさのいん》忠藤の妻となっており、世俗との通婚関係もあり、貴族と同格の家柄として扱われている。澄憲の子孫に俗人はいない。典型的な僧の家である。

親鸞《しんらん》は妻子を持ち、不邪淫戒を破ったことで、地獄に堕ちる恐怖を覚え、大いに苦悩したという。この問題は日本思想史における最重要テーマの一つとされる。だが何かピントがずれていると感じないだろうか。安居院家や祇園執行《ぎおんしゅぎょう》家が、不邪淫戒違犯を理由に、非難されたり弾圧されたりした形跡はない。親鸞の苦悩は喧伝され、われわれもこれをまともに聞きすぎた観がある。

親鸞の言葉は、別の角度、その政治的意義から考えることができる。十三世紀初頭の法然教団弾圧事件、いわゆる「承元《じょうげん》の法難」では、法然の弟子で美男として知られた安楽《あんらく》らが宮廷女官と密通したと非難され死刑にされた。法然は土佐に流され、親鸞も越後に流罪となったという。弾圧に際し相手を性的に貶めるのは権力の常套手段である。この事件の内実は宗教弾圧であり、不邪淫戒違犯は口実である。何しろ、親鸞と聖覚は同時期に同じ叡山にいたのだ。だがはるか後世、信長《のぶなが》は比叡山焼討に際し同じ口実を使った。

本書のテーマではないので詳述は割愛するが、親鸞の発言はこういう口実を無効にし、弾圧を避けるための反論であろう。また黙認状態にある僧の家を、積極的に位置づけて合法化する試みと見ることができる。後世本願寺教団は妻帯を公認する。

中世寺僧は、「発心《ほっしん》して出家した個人」の集合ではない。僧の家という世襲の職業集団なのだ。建前上期待される僧侶像は前者かもしれないが、それはむしろ例外である。彼らを破戒僧と貶め、寺院の堕落として非難する俗人は中世にもいた。だがその後江戸時代に、元凶の水戸《みと》光圀《みつくに》及び新井《あらい》白石《はくせき》以下の儒者が誹謗《ひぼう》を積み重ねたのが大きい。非難の大わめきが日本中に満ちあふれた。比叡山焼討を賛美すらした。今日でさえこういう偏見が学者を含む多くの人の先入観となっている。寺社勢力への中傷が後を絶たない。非常に厄介だ。

3　武士としての寺僧

†果たし状——これを知らずして武士を語るなかれ

僧侶に対する偏見はまだある。武士を語る時に必ず取り上げられるのは、『将門記《しょうもんき》』『今昔物語《こんじゃくものがたり》』『平家物語』の説話である。たたかいは作法に則って行われるルールある喧嘩である。①軍使の交換、合戦の場所と時刻の指定、②挑戦の言葉を投げかけ、双方が自分の名誉ある家系の系図を読み上げる、③実際の戦闘、④軍功の認定、という順序で進行する。さて後世の物語に描かれた武士像をどこまで信用してよいだろうか。軍使が持参した文書のことを『将門記』は「簡牒《かんちょう》」と呼んでいるが文面は載っていない。果たし状は全く残っていないかと言えば、答えは否である。一一七三年、興福寺が叡山末寺の大和国多武峯《とうのみね》を焼討ちしたことから、叡山と興福寺の間で合戦が始まろうとした。その時興福寺が延暦寺に出した挑戦状の下書が残っている。ところでこれをまともに取り上げた研究がないのだ。なぜだろう。「武士ではない」、という理由からだけではないか。『平家物語』の原型ができたのはこれより約五十年後である。平安時代の武士の思想や倫理感を読み取れる旬の史料はない。たたかいの思想の源流を読み取れるとしたらここからだ。武士論は随分盛んに見えるが、全く未開拓の分野だ。この文書を扱わない武士論はダメである。

興福寺より　延暦寺へ

早く対面して両門の雌雄を決しよう

兵は凶器であり、戦は徳に逆う行為である。俗人だって戦いは好まない。出家の身である我々はなおさらだ。（中略）貴山の祖師は、我が寺の祖師の孫弟子である。昔両寺は親しい友であった。ともに仏教の正統を伝え、互いの礼儀も粗略ではない。だが時は過ぎ、南北不和となり、近年は両寺の喧嘩が絶えない。貴寺と利害が対立する要求を実現するため嗷訴するが、いつも朝廷の兵に止められる。謀反人になるのはいやなので、その時は抵抗せずに解散している。みんな鬱憤がたまるばかりだ。

そこで我々は宇治の平等院《びょうどういん》に命じて、宇治川の橋を修理して渡りやすくし、道路を平らに均して歩きやすくした。貴寺の軍が進軍しやすいようにである。本寺及び同志の奈良七大寺の戦備は整った。比叡山三塔の準備はいかが。我々は鏃《やじり》を嚙んで待っている。汝らは一歩も北へ退くな。我らも決して南を振り返らぬ。この一戦の勝敗によって、興福寺・延暦寺の優劣を決めよう。決着までは互に悪口を言わずフェアに行こう。待っているぞ。遅れるな。

承安三年十一月　日（一一七三年）　　　　　　　　　　興福寺大衆《だいしゅ》

似たものを見たことがある、という人がいたら、見たものの年代を確認せよ（『平家物語』に類例がなくもない）。これこそルールある合戦の果たし状の最古のものである。ここには後漢《ごかん》の『漢書《かんじょ》』などが引用されている。注目すべき諸点は、

①両寺の祖師を最初に挙げるところは、武士の系図読みに似ている。

②朝廷の裁判によらず、決闘によって優劣を決めようとしている（自力救済）。

③戦場を整備し、両軍一歩も引かず、正々堂々の勝負をしようとしている。決戦場として山城・大和両国国境が指定されているようだ。

④相手を貶める言葉はなく、対等の勇者として戦いを挑んでいる。

全体として、典型的なつわものの道の思想に貫かれていることがわかるだろう。この文書は難解なので、これで完訳とはいえない。今後も研究が必要だ。この「尊経閣所蔵興福寺牒状《そんけいかくしょぞうこうふくじちょうじょう》」は、専門の文書集『平安遺文《へいあんいぶん》』七巻三六四六号文書として活字になっている。前書きで示したサイトでも見ることができる。興味のある人は読んで、私の誤りを補正して

ほしい。いずれにせよ、武士を考えるうえで、この文書は絶対にはずせない。これを読まずして武士を云々するなかれ。

†甲冑・武勇・メンツ

武勇の山僧を「三塔名誉の悪僧《あくそう》」という。悪僧の姿として、法衣をまとい長刀を持った武蔵坊弁慶《むさしぼうべんけい》を思い浮かべる人が多いだろうがそれは誤りだ。果たし状事件の時、興福寺に集まった僧は全部で四、五千人、みな甲冑姿《かっちゅう》であったと『玉葉《ぎょくよう》』にある。頭は甲で隠れてしまうから、外見上武士と全く同じ姿で区別はできない。

『今昔物語』には強力《ごうりき》の僧についての説話がある。また「西塔《さいとう》の平南房《へいなんぼう》と云ふ所に住みける叡荷《えいか》と云ひける僧は、極めたる武芸第一の者なり」「入禅《にゅうぜん》と云ふ僧ありけり、極めたる兵《つわもの》なり」などともある。『平家物語』『今昔物語』とも寺僧の武勇を武士のそれと対等に描く。武勇は武士の独占ではない。悪僧も英雄と呼ばれる資格が十分あるのだ。なぜかこれらは取り上げられず、俗人武士ばかりが「兵」扱いされる。物語を読む現代人の側の偏った見方に問題があるだろう。

『平家物語』『太平記』には、寺僧が「会稽《かいけい》を遂ぐ」、一時の敗戦の恥を雪《すす》ぐため戦ったエピソードが数多く記される。寺格の高さを競い、権威の上下を争う。メンツにこだわるあまり引き起こされるこうした事件は、武士と共通する名誉感覚の存在を示す。武士的性格、ないしヤクザ的性格を示すものである。武勇の悪僧は、江戸時代に書かれた戦国合戦物語には全く描かれない。いなかったわけではない。武士以外が武器を持つことを禁じられた時代には、僧侶の勇士が存在しては都合が悪いのだ。

4　領主としての寺社

†国家警察権代行が無縁所の存立を保障

寺社勢力は検断不入権《けんだんふにゅう》を持つ無縁所であった。だがそれが無条件のもので、駈込人の完全な逃走を許すものなら、世俗権力はその存続を許さなかったに違いない。

朝廷が義経《よしつね》追討令を出した時、逮捕を命じた先は、諸国司とともに、吉野《よしの》・熊野《くまの》であった。南都北嶺も追捕《ついぶ》に動いた。朝幕の指名手配があれば、委任を受けて検断権を発動する。境内都市はまた境内及びその所領に対する警察権を持った領主でもある。

いくつか寺社検断の例を挙げよう。平治《へいじ》の乱の時には、敗北し謀反人となった源《みなもとの》義朝《よしとも》の叔父を、近江で叡山が討ち取っている。一章で述べたとおり、承久《じょうきゅう》の乱の時には、叡山・南都が張本人の捜査を約束する代わり、幕府兵による山内捜索を拒絶した。

承久の乱の京方の中心人物で六ケ国の守護だった大内惟信《おおうちこれのぶ》は、合戦に敗れた後、一二三〇年までの十年間、東坂本日吉社《ひえしゃ》の庵室に隠れていたが、武士によって発見された。六波羅《ろくは》は座主《らざす》に逮捕を依頼し、座主は門徒の僧を遣わしてこれを捕らえ、身柄を院の御所がある白河粟田口の法勝寺九重塔前で六波羅に引き渡した。ここが叡山の検断管轄区域と、六波羅の管轄区域の境界だったのだろう。匿《かくま》っていた師匠の財産は叡山の手で没収された。

この経過は今日の治外法権のあり方と似ている。京の至近に、十年もの長期間、これほどの大物が潜伏しえたのは、やはり同情者が多かったためだろう。

無縁所は朝廷・幕府権力が全く及ばない場所ではない。大使館などの今日の治外法権の場も、国法が全然通用しない無法地帯ではない。ただ権力の及び方が間接的であるから、今日と同じく、捜査は不徹底になりがちである。今日と決定的に異なるのは、検断権者、この場合叡山が、惟信の師匠である共犯の僧の財産を没収している点である。警察官が犯人の財産を自分のものにする。当時普通の法理であった。これを「検断得分《けんだんとくぶん》」という。

山僧光源が南都で東大寺に追捕された事件については先に述べた。一二三三年の鎌倉幕府法では、守護不入の寺社領内に逃げ込んだ大犯三ケ条咎人《とがにん》は、寺社が捕えて、寺領と公領の境界地点で、身柄を守護に引き渡すことになっていた。一四四九年の高野山でもこの規定は同じで、二百年以上後になっても、不入権は強固に維持されていた。

さて話は変わる。承久の乱以後には、幕府が法令を発布した直後、朝廷が追随して同趣旨の立法を行い、その後各寺社も領内に対して、よく似た法を個別に布告するのが普通になる。国内法はかなり均質なものになっていた。社会問題はすべての領主にとって共通することが多いからだ。ある意味で幕府が政治リーダーであったが、国王の権力は持っていない。国家権力は公家・武家・寺社の三種の領主が分掌していたといえなくもない。戦国時代までこの状態が続く。見方によれば、これも寺社勢力が無縁所として存続した要因である。

紀伊国では全水田面積の八、九割が寺社領となっていた。大和は興福寺・東大寺・多武峯・高野山・金峯山《きんぷせん》領でない土地はないと言ってよい。寺社は大荘園領主であった。

†寺社主従制

寺社勢力は、荘園領主とはまた別の、領主としての顔を持っていた。高野山領紀伊国鞆《とも》淵荘《ぶちのしょう》の代官鞆淵景教《かげのり》は、一三五一年に、荘園経営に失敗して追放されそうになった。この危機に際し、景教は高野山に対し、自己の勲功を数々挙げて哀願した。

列挙された勲功は、北条氏残党《ほうじょうし》の討伐、南北朝合戦など、有名な合戦ばかりである。どれも戦場は鞆淵荘内ではなく、また一つとして鞆淵氏が利害関係をもつ事件はなかった。すべて高野山の命による従軍であった。

景教は高野山に対し「合戦の忠節」をつくし、それに対して「御感《ぎょかん》の御下文《おんくだしぶみ》」を得ている。これらの文書は、武家社会で出される軍忠状《ぐんちゅうじょう》（戦功の申告書）と、それに対して出される感状《かんじょう》（戦功の証明書）にあたる。

勲功の中に、合戦で負傷したということが挙げられている点に注意すべきである。荘園領主と代官の契約関係の場合は、何はともあれ荘園運営の成功がすべてで、努力のいかんによらず、規定年貢の運上不足は罷免の理由になる。武家社会の倫理では、たとえ敗戦に終わっても戦死・戦傷が最高の手柄であり、大将首を取ること以上に高く評価される。この場合も同様である。これは人格的結合関係であり、主従関係と言わねばならない。

高野山は領内武士を軍事力として動員する。軍忠状と感状が交換され、それが荘官が役職を保持する根拠になった。いわゆる御恩と奉公の関係に相当する。同趣旨の文書は織豊《しょくほう》時代までみられる。高野山は中世を通じて領内武士に対し、一貫して主従制の核でありつづけた。主従制は武家社会だけの専売特許ではない。中世社会をつらぬく規範だったのだ。

†武士を滅ぼした寺社——軍役を嫌う荘民

武士の荘園侵略は思うように進まなかった。荘民の反発が激しかったのだ。荘民が最も嫌った税はなんであろうか。高い年貢ではない。農村や都市近郊の農業地区で盛んに行われた農業の妨げとなる労働徴発で、特に農繁期・農閑期をかまわずかかる軍役である。鞆淵景教の子孫の範景《のりかげ》は、高野山だけでなく守護にも所属していた。彼は守護被官《ひかん》としての職責を果たすため、鞆淵荘に軍役を賦課した。鞆淵荘民は猛烈に反発し、範景の非法一三ヶ条を挙げて高野山に罷免を要求した。範景は一二ヶ条については譲歩したが、この条項だけは譲らず、再度断固として百姓から軍役の徴発を試みた。守護被官の立場を何としても守りたかったのだろう。しかしこれが直接の理由となって、一四二四年、鞆淵氏は荘内追放を受け、苗字断絶し滅亡することになった。滅ぼされた西国武士は非常に多い。公家領荘園が早く武士に奪われたのに対し、寺社領荘園は戦国時代まで存続する例が多い。

†京都御馬揃——戦国大名根来寺

根来寺は一五〇〇年に和泉守護細川元有《ほそかわもとあり》を滅亡させ、一五六二年には幕府の有力者三好《みよし》実休《じっきゅう》を鉄砲で討ち取り、畿内で強大な軍事的プレゼンスを示した。諸勢力からしばしば京への出兵を求められた。一五七〇年、朝廷は武田《たけだ》信玄《しんげん》及び根来寺に命じて、国家事業である伊勢《いせ》神宮《じんぐう》造営の費用を支出させようとした。すでに信長は入京していたが、武田も根来寺も信長の勢力下にはない。根来寺は信玄と同格の独立した大名と認められていたのだ。

一五八一年、信長の天下布武宣言として知られる京都御馬揃《おうまぞろえ》が、諸大名を集めて盛大に行われた。その順序を『信長公記《しんちょうこうき》』で見ると、一番が「根来の中の大が塚」、四番が「根来」（表記は原文どおり）である。一番は丹羽長秀《にわながひで》、三番は明智光秀《あけちみつひで》である。出陣中の秀吉や柴田勝家《しばたかついえ》がはずれている。根来寺などは外様《とざま》としかいいようのない存在であるが厚遇されている。鉄砲を保持する軍事力を評価されているのだ。

5 巨大な経済支配者

†軍需産業

山中に鉄砲の音一つ鳴り候とて、信玄打出すのよしを申し、諸軍へ恐怖をなし候、この鉄砲は狩人の鉄砲のよし申し候、少しも案ずるまじく候信濃で武田軍に対峙する上杉《うえすぎ》軍は、狩人の放った鉄砲に怯えていた。信玄の出陣ではない、怯えるな、と必死に動揺をおさえようとする上杉謙信《けんしん》の書状である。この様子では上杉軍は、鉄砲に慣れた高野山・根来寺には歯が立ちそうにない。

一五八五年に秀吉が高野山に対し、「寺僧・行人らの僧徒は学問のたしなみがないうえ、仏教と無関係な、武具・鉄砲製造を行っている。これは悪逆無道であるから禁止する」という禁制を出した。鉄砲の三大生産地として知られるのは、堺・近江国友《おうみくにとも》・根来寺であるが、実はこれらの地における鉄砲製作は決め手となる証拠がない。この前年の小牧・長久手の合戦に際し、徳川《とくがわ》家康は高野山に対し、味方に参じ鉄砲五百丁を持参すれば、恩賞として大和に二万石の土地を与えようと提案した。大和には家康の所領などない。天下を取らない限り、約束は実現できない。関ケ原合戦の十六年前という時点で、家康が本気で天下を狙っていた証拠は、こういう文書によってのみわかるのだ。

武器製造とその備蓄が、寺院の産業の主要なものとしてあげられる。感神院の最下層身分の犬神人《いぬじにん》は、弓のつるを製作することから「ツルメソ」と呼ばれた。南都では鎌倉時代末期に、刀・鎧・兜の製造販売が盛んであった。熊野の鍛冶《かじ》も頬当《ほおあて》を作っていた。根来寺は南北朝時代に弓・矢・楯の製造を行っていた。一三六〇年、この地域で激戦が続いていた時期に、北朝の紀伊方面の大将畠山義深《はたけやまよしふか》が根来寺に対し「先日注文した楯がまだ納入されていない。今月中に是非届けてほしい。粗悪な弓矢でも、一張一腰《ひとはりひとこし》でもいいから届けてほしい」という催促の手紙をだしている。これはただの武器製造とはいえない。寺そのものが軍需産業の経営主体であり、武器の供給を請負っているのだ。

根来寺岩室坊《いわむろぼう》は石山本願寺攻めに際し、信長に忠節を尽くした。時代は変り、一五八五年の秀吉の根来寺焼討後、岩室坊は海路安芸に逃れ毛利氏に従った。そして関ヶ原合戦前夜の一六〇〇年、岩室坊勢意《せいい》は、①騎馬五十騎、②幟差《はたさし》三十五人、③弓五十挺、④鉄砲五百挺、⑤鑓《やり》百五十本、⑥馬乗小者五百人、⑦徒歩《かち》小姓《こしよう》五十人、合計千三百三十五人を、明日にも集めて見せると豪語した。武田・上杉・伊達などの大名の保有総数を超える、五百丁の鉄砲は脅威である。もし岩室坊が農業経営に依存する存在ならば、根拠地を離れた別天地で活動はできない。彼の経済基盤は商工業にあったのだ。

†経済シェア

中世経済は、山門気風の土倉や祇園社綿座、後述の北野《きたの》社《しや》の麹《こうじ》の独占などに見るとおり、境内都市に牛耳られていた。次もその一例である。

一二九六年、伏見《ふしみ》天皇の内裏修理工事を担当する修理《しゆり》職《しき》・木《も》工寮《くりよう》(朝廷の建築担当部局)

が朝廷に次のように要請した。ここに出てくる「大工」とは、下に多数の「小工《しょうく》」を従える建築集団の長である。本来は全員朝廷に所属すべき存在と考えられていたようである。

①賀茂社《かもしや》（上賀茂社）の大工は、同社門前に二十二人、洛中に四人いる。この四人を配置替えして朝廷付属の大工としたい。

②鴨社《かもしや》（下賀茂社）の大工は、同社の注進によれば、一条以北に八十六人、洛中に四十九人いる。この一条以南、旧平安京内に居住する四十九人を朝廷の大工としたい。もともと彼らは朝廷の大工だったのだが、神社の大工として寄進されたものだ。本来なら、神社の工事だけでなく朝廷の工事もきちんと勤めるべきだ。

③摂関家の氏寺《うじでら》である法成寺《ほうじようじ》の大工の内、三分の一は朝廷の大工に編成替えし、今回の修理事業には、残り三分の二も含めて全員が参加すべきだ。

④建仁寺《けんにんじ》の大工が七、八十人いるらしい。これは先例に背いている。近年幕府の権威をかさに建仁寺が雇ったのだ。大工一名を除いて、残りは朝廷の大工とすべきだ。

修理職はまた円融房《えんゆうぼう》・妙法院《みようほういん》・園城寺円満院《えんまんいん》・仁和寺《にんなじ》に、大工数人（数は一桁）を出させようとした。ほかに鷹司家《たかつかさけ》の二十人の内一人を除く全員、近衛家《このえ》の六人以上の内一人を除く全員、後深草院《ごふかくさ》付属の大工五、六人全員を、この修理工事に動員しようとした。

いかに朝廷に従う大工が少なく、寺社付属大工が多いかがわかるだろう。建仁寺は鎌倉幕府の御用寺社であり、これを通じて幕府が京都の建築業界に食い込みつつあることもわかる。院及び法成寺を含めた摂関家付属の大工もいるが人数が違う。

しかもである。ここで指名されているのはいわば御用寺社ばかりであり、延暦寺・園城寺・祇園社・清水寺《きよみずでら》など、寺社勢力の大工は動員しようとしていない。徴発したくても無理なのだ。延暦寺門跡の円融房・妙法院付属の大工は、叡山の大工とはいえず、そこに入っている皇族・摂関家の子弟個人の財産である。

建築業のシェアは圧倒的に寺社によって占められていた。南都北嶺に付属する大工はどれほどいたのだろうか。京の材木販売を独占する堀川材木商人も忘れてはならない。

†金融・貨幣経済・市場

寺院で盛んだった経済行為をあげよう。寺院の金融活動は、平安時代初期からあり、歴史は古い。『源平盛衰記《げんぺいせいすいき》』は、行人の台頭原因として高利貸活動をあげている。金融業者としては、比叡山・熊野・高野山などが有名である。俗人の金融にくらべて寺社のそれが有利だったのは、仏神のものを借りたのに返済を怠ったりしたら仏罰・神罰があたるという恐怖があったためで、遅滞なく取立てができた。年率一〇〇パーセントを超える非常な高利であった。一一四五年には、和歌山県海南市全域にほぼ相当する巨大荘園の紀伊国三上荘が、借米の質として、貴族の手から熊野の手に渡るということさえあった。

一一三六年に、日吉大津神人《じにん》が債務者の不払を朝廷に訴えた文書は、日本最古の金融訴訟史料で、現在宮内庁に残っている。債務者には国司が多く、なんと一国の年貢全部が借金の担保になったりしている。おそらく年貢収納前に入用があったため、つなぎ資金を日吉神人に借りたのだろう。未収納の県税収入分を担保にして、知事が借金をしたわけだ。債務者にはほかに「京四条の物売女」や九州の遠賀川河口の蘆屋津《あしやづ》の貿易商などもいる。

金融活動が活発に行われたのは、東海から九州にかけての西国だが、越後でも日吉神人の金融は行われ、武士が借金をしている。国司や武士との相互依存や癒着も生じている。寺社の活動は、もはや単純に国司に対する抵抗運動ということはできなくなっている。

金融は経済の重要分野であり、貴族・将軍から下層民まで含む経済活動全体の潤滑油である。寺社勢力がこの事業の最大の担い手であったことの意味は大きい。

日本は鎌倉時代前期に、本格的な貨幣経済の時代にはいる。それ以前は米が基本通貨であった。人々は平安時代末期まで代金を銭で受け取ることを嫌い、米・布・母牛・父馬（乳牛と種馬）などを取引の代物とした。銭を使う場合でも、銭だけで代を受け取ることはなく、半分は米などで受け取った。他に何の役にも立たない銭では不安、米ならば食料になるし、絹は別のものと容易に交換できる。当時はまだ物々交換経済に近かったのだ。

銭だけを対価に決済する土地売買が始まったのは、鎌倉時代に入る直前であった。この貨幣経済への転換に際し、率先して銭貨を使用したのは日吉神人であった。マネーゲームなら銭のほうが便利だ。母牛で借金を返されたら困惑するだけだろう。

中世後期の経済界に目を転じよう。一五〇八年、管領細川高国《たかくに》・大内義興《よしおき》の連立政権が京都を制圧した。高国は、次の諸機関に対し撰銭《えりぜに》令を発した。①大山崎（自治都市）②細川高国③堺（自治都市）④山門使節（後述）⑤青蓮院《しょうれんいん》⑥興福寺⑦比叡山三塔⑧大内義興の八者である（順序は文書に記載されるとおり）。①〜⑧は高国政権の支持勢力を示す政治地図であり、また貨幣経済時代の経済地図を示すものでもある。撰銭令とはこの時代の通貨政策である。当時流通していた銭には良銭・粗悪銭・偽金が入り交じっていた。人々が決済に際し、代金として、割れたり欠けたり文字が刻印されていなかったりする悪銭を受け取ることを拒否する場合が多く、その結果通貨供給量が減って頻繁に取引の混乱が生じた。ある程度悪銭の使用を許可して、通貨の安定をはかろうとする折中的な政策がこの撰銭令である。高国・義興が京都に掲げた撰銭令の高札と同文の高札を、①〜⑧の支配地域に掲示させようとしたのだ。これらを通じなくては、京都と周辺の経済統制は不可能なのである。比叡山関係は④⑤⑦である。政治支配を背後で支える経済支配を反映している。土倉なくして叡山なしである。

さて物資交換の場である市場はどうか。洛中に設けられた平安京の官設の市は衰退し、商業の中心は、寺社の縁日に開かれる市に移行した。一〇一三年には、毎月一八日の清水寺の観音縁日の市への行き帰りの人々を狙って清水坂に現れる強盗が捕えられている。石清水八幡宮寺門前にある宿院河原《しゅくいんがわら》の市場は一〇六二年に始められた。午《うま》の日に開かれる午《うま》市《いち》が立てられ、三年後には午と子《ね》の日に開かれる午子《うまね》市《いち》となった。市は仮設店舗なので、店舗コストはほぼゼロですむ。常設店舗は南北朝時代ごろから増えてくる。常不動院の財産目録に出てきた町小路の小物座・腰座などの商店を思い出してほしい。中世後期の市場のありかたについては三章の信長文書の項で述べる。

一方、寺社勢力の商工業活動に対置されるべき、朝廷・幕府のそれは、ほとんど見いだすことができない。文書がないのはしかたがないが、日記でもまず言及されることがないのだ。境内都市はまさに経済支配者だ。

†明の国書は天台座主宛——叡山と貿易

菅原道真《すがわらのみちざね》の献策により八九四年に遣唐使が廃止され、日本は事実上の鎖国に入り、そして日本独特の国風文化が育つ……と昔の教科書には書かれていたが、これは全くの間違いである。当時文物の輸入は民間の貿易とともにますます盛んになり、もはや遣唐使の必要がなくなったというのが実際である。この貿易利権で一番潤ったのが大宰帥《だざいのそち》であった。一〇九三年、僧明範《みようはん》が遼《りよう》（契丹《きつたん》）に武器を売却したとして逮捕され、後に大宰権帥《ごんのそち》の藤原伊房《これふさ》の手先として、死の商人の役を勤めていたことが判明した。

横川の源信《げんしん》が著した日本浄土教の聖典『往生要集《おうじようようしゆう》』は、越前の敦賀を経由して中国に伝わり、かの地でブームを巻き起こした。古くから叡山は外国と縁があった。

さて中御門宗忠《なかみかどむねただ》が検非違使《けびいし》別当《べつとう》だった頃、次のように『中右記《ちゆうゆうき》』に書いている。

延暦寺に法薬禅師《ほうやくぜんじ》という僧がいる。武勇は人に優れ心は合戦を好む。山上で闘乱があるたびに必ず介入する。諸国の末寺荘園の職をみな兼任している。いつも数十人の武士を引き連れ、京都と諸国を毎日のように往来している。あるときは他人の物を奪い取り、あるときは人の首を切る。天下の衆で彼に従わぬものはない。

彼の悪僧ぶりはこれに止まらなかった。一一〇四年、はるか九州太宰府にある竈門宮《かまどのみや》大山寺《だいせんじ》に「叡山大衆の使」また「法薬禅師の使」と名乗るものが来た。彼らは中国から来た宋人《そうじん》らの財産（銭あるいは米）を低利で強引に借り請けるという乱行をした。これは押し売りの逆で「押借《おしかり》」という。物価の値上がりと貨幣価値の下落を見越して、早めに通貨を安い利率で借りるわけだ。大山寺の寺官はみな悪僧に味方した。大山寺は石清水八幡宮寺の末寺だったので、石清水別当かつ大山寺別当の光清《こうせい》は彼らを訴えた。法薬禅師が、大山寺の日宋貿易利権と外国為替の差益に目をつけたことが事件の原因である。

紛争の末、大山寺は石清水を離れ叡山末寺となったが、この事件は長い遺恨のもととなった。一世紀後の一二一八年にも、再び大山寺をめぐって争いが起った。大山寺の神人で、通訳であり船頭も務める宋人の張光安《ちょうみつやす》が、博多津で石清水末社の筥崎宮《はこざきぐう》の別当に殺された。これに怒った叡山は、筥崎宮と貿易港博多をも叡山領とするよう訴え、神輿《しんよ》を担いで皇居に押し寄せた。九州に手を伸ばしたのは叡山・石清水だけではない。東大寺も大宰府の観《かん》世音寺《ぜおんじ》を拠点に貿易利権に参入した。

一三五五年の着任と同時に、座主《ざす》尊道《そんどう》は①日吉社諸座神人奉行兼寄人《よりうど》奉行②感神院別当《かんじんいんべっとう》③宋人《そうじん》奉行、という職員を任命した。①②は叡山の経済を支える二本柱である。③の宋人奉行が管轄する宋人（中国人）は、祇園末社の気比社《けひしゃ》及び「唐人町」があった敦賀、京四条、また法薬禅師の故地大宰府・博多などの居住者が想定されるが、名称から判断すれば、全国宋人の統括者を意味するのかもしれない。

一三七二年、建国間もない明《みん》は、僧克勤《こくきん》らを遣わして日本に国書を送った。朝鮮半島南部と東シナ海で猛威を振っていた倭寇《わこう》の取締要求が主題であったが、「日本天台座主」宛の国書も携えていた。明は日本国王が誰かということすら把握しておらず、九州を支配していた南朝の懐良《かねよし》親王を「日本国王良懐」と誤認して国書を出す始末であった。対して、天台座主のポストは国際的に認知されたローマ法王？　のような地位に見えていたのだ。

室町時代以後は貿易を禅僧が担当するようになるといわれるが、それは幕府が行った貿易の場合である。熊野漁民は、瀬戸内漁民・九州漁民と連携して盛んに日本海を横断した。

6　境内都市と法

†〔悪徳〕弁護士の顔——山僧寄沙汰

境内都市は多くの世俗的スキルを持っていた。その一つが訴訟遂行能力であった。「寄《よせ》沙汰《ざた》」という法律用語がある。「沙汰を寄せる」とは、訴訟当事者が、自分より力量ある他者に訴訟名義人を替わってもらうことである。これを「面《おもて》を替える」という。おかしなことだと思うだろう。

ここで今日に仮定をとろう。もしあなたが訴訟に巻き込まれたとして、弁護士に頼むか自力で裁判にのぞむか、と聞かれた時、あなた自身が弁護士資格を持っていない限り、答えは明らかである。一方、今日では原告・被告の名義を替えることはできない（ないわけではない）が、中世ではありふれたことであった。原告が弁護士名義で訴え、被告もいつのまにか弁護士にすり替ったりするのだ。この寄沙汰を幕府は厳禁していた。

山僧は情報の多い京に住んでおり、法律も判例もよく知っている。情報強者である。弁護士の役割を果たせる者が多い。一方、関東御家人はどうしてもこの情報戦に弱い。裁判所が教えてくれればよいのだが、あいにく当時の法廷は徹底的な当事者主義を採用しており、判例どころか、どんな法律が存在するのかさえも教えてくれない（裁判の自力救済）。もしあなたが本人訴訟をするとして、自分で分厚い六法や無数の判例をあたる自信があるだろうか。当時は図書館もないのだ。結局専門家に相談することになるだろう。御家人訴訟は本人訴訟であり、寄沙汰は弁護士訴訟である。情報不足を補うにはこれしかないともいえる。寺社は俗人の裁判代行をする弁護士の一面を持っていたのである。

今日では弁護士に料金を支払う。当時も「同じ」であった。勝訴した場合には、山僧に利益の一部を支払うのだ。違法か合法か、成功報酬か契約金か、本人か弁護士か……両者の違いを言い立てることはたやすいが、今日の弁護士経営、業界ビジネスというものに焦点を当てるならば、共通点のほうが多いことが理解できるだろう。

和歌山県紀の川市桃山にあった紀伊国荒川荘で、悪党の源為時《ためとき》は、高野山に逮捕され財産を没収された。ところがその後彼は捨身の作戦に出た。突如として名前を変え、荒川荘内にあった山門末寺高野寺《たかのでら》の僧法心《ほうしん》と自称したのだ。さらに自分の財産を実は日吉社の金融ファンドだったと主張し、これを実力行使で没収した検校《けんぎょう》以下、高野山全山の寺僧を告発し、問題を高野山対悪党というところから、高野山対比叡山という大きな問題にすり替えようとした。対して高野山は彼を終始「源為時」の俗名で呼び、彼が住僧でないことの証明を高野寺に求め、その線に沿った回答を引き出した。見るところ、高野山の主張のほうに説得力があり、為時の主張はこじつけである。しかしこの主張が叡山の支援するところとなった、ということが重要である。叡山は早速、遠く離れた能登堀松荘《ほりまつのしょう》のよく似た判例を持ち出して対抗し、一旦は朝廷で勝訴の判決を得た。この場合為時の訴訟人名義は変っていない（俗人為時から山僧法心に変っているが）から、厳密には寄沙汰といえないが、判例の提供者は本当の山僧であるから、広義の山僧寄沙汰といってよかろう。

高野寺は荒川荘の中にある叡山末寺の無縁所である。高野山領という無縁所の中にさらに無縁所があったのだ。為時は高野寺僧法心であると主張して、高野山に反撃したのだ。中世の無縁所では、駈込みだけでことは終わらず、駈込人が反撃してくるのである。

寄沙汰の最初の例と思われるのは、一一〇六年、左大臣源俊房《としふさ》の遠江国笠原荘《かさはらのしょう》の荘官、荘園管理責任者だった藤原保隆《やすたか》が年貢の納入を怠ったため解任された事件である。彼はその職を守るため、笠原荘を叡山に寄進してしまった。これにより山僧が笠原荘を奪おうとして、嗷訴《ごうそ》の準備をするに至った。「面」は保隆から叡山に替わったのだ。荘園寄進には、当面の争訟を有利に運ぶために、自分に何の権利のない土地を有力者に「寄進」するという場合が多い。寺社勢力、中でも叡山は、寄沙汰の対象として選ばれる最右翼だった。

†仏陀法・神明法

仏に捧げられたもの、神に捧げられたものは、永遠に仏神のものである。これは自然に響くだろう。賽銭箱をひっくり返して投げ入れた百円を回収しようとする人はまあいないだろう。仏神への寄付を撤回することは通常ない。だがこういうことが法で決められたら奇妙な感じを否めまい。「仏・神」に、「寺・社」、さらに「寺僧・神人」を代入すると次のようになる。「どんな手段で獲得したものであろうと、一旦寺社のものになった土地は、永久に寺社のもの、永久に寺僧・神人のものである」。強烈な違和感があるだろう。浄財の寄付という観念が逸脱するとこのようになるのだ。これを仏陀《ぶつだ》法・神明《しんめい》法という。あらゆる中世法の中で最強不可侵の法がこれであった。

一二六八年、北条得宗《ほうじようとくそう》家の領内にある駿河実相寺《じつそうじ》の僧が、寺の所有地から入る祈禱料を北条氏が取り上げてしまうことを訴え、これは仏教の戒律を破る罪であると糾弾した。仏陀法に抵触するというのだ。実相寺などは最弱の御用寺院であり、北条氏はいうまでもなく最強の存在である。それでも仏陀法を恐れなければならないのだ。

かりに境内都市が武士による侵略を受けた場合、この法は有効な反撃武器として働く。墓所の法理とともに、中世の人々に対しては強い説得力を持っていたのだ。

7 呪術への不感症

†額打論

『顕広王記《あきひろおうき》』という皇孫の日記に、一一六五年八月九日、二条《にじょう》天皇の葬儀の日に、延暦寺と興福寺の間で、墓所の周囲に打つ額の順位をめぐって喧嘩が起ったことが記されている。延暦寺僧が先例を無視して、興福寺の額を打破り延暦寺の額を興福寺より上位に置いたため、興福寺の僧が怒って延暦寺の額を切り落とした。このことに端を発し、延暦寺が興福寺の末寺清水寺を焼き払った。一〇月には報復のため、興福寺が比叡山の東西坂本に発向しようとする動きがあり、また神木《しんぼく》を奉じて木津川を渡り、天台座主の流罪を要求する事件へと発展した。この事件は『平家物語』の「額打論」の段にも書かれ有名である。

いつの時代も葬儀の際に紛争の根が兆し、埋めがたい溝になることはある。だが葬送の場で闘争にまで発展することはまずない。今日なら常識を疑われかねない。叡山と興福寺のメンツをめぐる喧嘩が、厳粛たるべき場、王の霊前、ハレの極致である天皇葬送の場で、公然と行われたことの意味は重大である。

†葬式仏教と墓所の破壊

宗教は、死という厳しい問題を避けて通ることはできない。寺僧は葬送と葬祭に関わらざるをえない。古代では死体遺棄に近い葬法が普通だったが、中世では墓所を造営する習慣が広い階層に行き渡るようになる。寺院の墓所経営の比重は、中世を通じて増大しつづけた。中世仏教は葬送・葬祭への傾斜を深めた。死のケガレを嫌う天台・真言宗が次第に衰退し、葬儀と造墓を積極的に行う新仏教の勢力が伸びていった。江戸時代の仏教は、それ以外の宗教活動をしなくなったという批判的な意味で「葬式仏教」と呼ばれる。

高野《こうや》聖《ひじり》は真言宗の高野山に属しているが、彼らが保持する信仰は新仏教の時衆《じしゅう》である。全国からの高野山奥之院への納骨と、奥之院での墓所の造立に携わった。奥之院は「日本国総菩提所」と呼ばれる墓所のメッカとなる。江戸諸大名の墓石は、高さ十メートルにも及ぶ巨大な五輪塔がざらで、いつ行っても壮観である。この大名墓地の背後には五十万基といわれる無数の廃棄石仏がある。奥之院の発掘調査によれば、墓所を破壊してその上に墓所を作り、さらにまたその上に墓地を造成するという、錯雑とした墓所の建設と破壊が繰り返されたことが確認されている。破壊を行ったのは高野聖以外の何者でもない。

根来寺では、ドブの蓋として墓石をいとも無雑作に使っている。また井戸をつぶすためのつめものとして石仏を四体使った遺構もみつかっている。約百体の石仏、葬られて十年も経っていない墓石を並べて、城の濠の中に壁を作って防御施設としたりしている。小浜城・和歌山城・二条城の石垣にも中世の石仏が使われている。越前の首都一乗谷の寺跡では、幅五十センチほどの溝を越えて門に入るようになっているが、その溝の蓋石には、背面を削平した石仏が裏返しにして使われている。つまり寺に入る時、必ず石仏を足で踏みつけることになる。

フロイスは、信長の安土築城に際し、石垣の石材として石仏の強制徴発がおこなわれ、人々が泣き叫んだと伝える。だがその一方墓石をモノまたは利権としか見ない人間は確かにいる。特に墓所の管理にあたる寺僧はそうなりやすい。下僧ほど墓所や亡魂に対する畏怖の感覚や取り扱いの態度は、ラフ・アンド・タフになる。『ハムレット』の次の一節は象徴的である（第五幕第一場、野島秀勝訳、岩波文庫）。

（オフェリアの墓を掘りながら、地中から出てくる髑髏を無雑作に投げ捨てる道化の姿を見て）

ハムレット　こいつ、鼻歌まじりで墓を掘っているが、自分のしていることが何だかわかっていないようだな？

ホレイショー　慣れてしまえば、こういうことも気楽なものになるのでしょう。

ハムレット　そのとおりだ。手だって、使わないでいれば、それだけ感覚が繊細だからな。

死のケガレを忌避《きひ》する観念は、「手を使わない」上層身分の者に対峙する時、下層民の大きな武器になる場合がある。水田に課税されそうになった時、この土地は実はケガレた墓所の跡地だ、と主張することで課税を免れた場合もあった。

†神輿破壊と神輿争奪ゲーム

起請文《きしようもん》とは、自分がそこに書いた内容が偽りであるならば、また書いてある約束を果たさなければ、我が身に神罰を受けるべきことを誓約する文書である。自分を呪う文章部分を罰文、罰を与える神を賞罰神という。賞罰神として、よく日吉・春日・北野などの神名が書かれるが、神輿の罰をこうむるべし、と誓うものもある。神輿は時によって神と見なされた。

公家にとって呪術シンボルの日吉神輿は恐怖の的であった。皇居の修理を中断して、その費用を神輿の修理にあてたことさえある。その日吉神輿は叡山内部でどう扱われていたか。実態は驚くべきものがある。

神輿動座を武士に阻止されたとき、これを泥の中に故意に振り捨てて汚し、朝廷に丁寧に修理させて受け取ることがよくあった。さらに山僧は神輿の古くなったものを、自らの手でたたき壊したり血でけがしたりした。新品を作らせるためである。山僧は神罰など全く恐れていない。一方朝廷はこれを「破損穢気《えき》」というケガレと感じ恐怖を覚えた。

後述する一一八〇年の叡山の堂衆《どうしゅ》合戦の際には、行人（堂衆）が神輿を奪取するとの風聞が広がり、学侶《がくりょ》は嗷訴でもないのに、神輿を根本中堂に避難させた。呪術装置の争奪ゲームである。「物神化」という言葉があるが、まさに神はモノ扱いである。こうもあからさまに神を道具として扱う態度が、宗教とほど遠いことは否定できない。神罰を強調することは、神を恐れぬものが恐れるものに対し、マインドコントロールをするということだ。

さてこの神輿であるが非常に高額である。一三一五年の例で見れば、日吉神輿七基の造営は合計で約六千五百貫と高価である。祇園会の総経費が三百貫だから、その二十一回分に相当する。一基の代金で三回の祇園会が執行できる計算である。

寺社を宗教の場、聖地と見なすのが間違いだとは断言できない。だがそれがすべてだ、それ以外はない、というならば、それはあまりにも一面的な思い込みである。こうした例を見れば「すべて」でありえないことは明らかだろう。

†寺社に対する暴力

源平合戦の時、平重衡《たいらのしげひら》は南都焼討を行った。寺社に放火したことで、重衡は堕地獄決定《だじごくけつじょう》、地獄に落ちること間違いなしとされ、清盛《きよもり》以上の極悪人と見なされ、悪の代名詞となり後世まで汚名を残した。近江守護佐々木定綱《ささきさだつな》が叡山攻撃を提案した時には、藤原定家《ていか》に新たな「重衡」となじられている。

ところが寺社同士の争いとなると、焼討ちなどはざらである。叡山は五十回近く園城寺を焼討ちした。園城寺も叡山を一回焼き払っている。

山僧自らが堂舎に放火することもあった。一二〇八年、堂衆合戦の最中、堂衆赦免の噂の中、反対する一部の学侶が、後鳥羽《ごとば》院に抗議する意味で東塔に放火し、宝塔・灌頂《かんじょう》院《いん》・真言院・根本中堂回廊・楼門・舞台（有名な清水寺の舞台のオリジナル）が焼失した。

一二六四年の光源の内裏・仙洞《せんとう》・園城寺放火事件の際には、山上でも講堂・鐘楼・延命院《えんみよういん》・法華堂・常行堂《じようぎようどう》・戒壇院などが放火された。一四三五年には、将軍足利義教《あしかがよしのり》から、関東公方《くぼう》足利持氏《もちうじ》との通謀を疑われて根本中堂に籠もった僧らが放火して命を絶った。要求が通らない場合、自らの堂舎に放火することは、ごく普通の戦術であった。

重衡があまりにも厳しく糾弾された責任を、寺僧はどのようにとったのだろうか。一二六四年、園城寺焼討後、山僧は法華経百巻を書写して「懺悔《ざんげ》」した。これで済んでしまうのである。世俗があれほど恐れ憚った寺社に対する暴力は、皮肉なことに、寺社のみが許される倫理的特権なのであった。

8 政治記事あって経済記事なし――国家だけ、全体社会を描かない歴史書

†前関白の殺人

一一〇六年五月二〇日の夜半、中御門宗忠の家に突然続けざまに石が投げ込まれ、彼は大いに驚かされた。西隣に住む大納言藤原経実《つねざね》の行為であった。彼は仕事があっても、病

と称して出仕せず、天下武勇の輩を招き、毎日毎夜、酒を飲んで酔っぱらい、剣を振り回しては興に乗っていた。これもその暴行の一つであった。宗忠は『中右記』に「こういう人と争って得はない。悪人の近隣に住むことは、避けるにしかず」と書いている。彼はこの年末に検非違使別当（警視総監）に就任する人物なので、随分暢気《のんき》な発言のように聞こえるが、中世では、この程度のことで検断権が発動されることはありえない。

『明月記《めいげつき》』は、一二二六年に、前中将忠嗣《ただつぐ》が、年来の群盗行為が露見したため高野山に追放され、翌年には三河権守清綱《みかわごんのかみきよつな》が強盗罪により追放され、さらに一二三三年には四位平仲兼《なかかね》の従者全員が群盗であったことが判明したと記す。これだけ多いと、武勇も粗暴も、構造的な貴族社会の体質と見なさざるを得ない。

一四九六年、前関白九条政基は、自邸で自身が刀を執って、執事の唐橋在数《からはしありかず》を斬殺した。在数に借りた金を踏み倒すのが目的というのだからあまり同情の余地はない。軽い処罰ではあるが朝廷は彼の出仕を止めた。

貴族……のイメージが狂うのではなかろうか。武勇も殺人も、武士だけの話ではない。自力救済世界では、貴族・百姓・僧侶であろうと、誰でも必要とあらば武器を取る。

†武士＝ヤクザ論――財産めあてに無実の人を逮捕

「警察官個人が逮捕した犯人の全財産を没収するものとする」と法で決まっていたら、異様に感じられるであろう。だがこの法は実在した。それどころか中世ではこの法が普遍的に通用していたのだ。「検断得分」である。これが悪用されると、警察官が罪もない者をつかまえて、犯罪人のレッテルを貼って財産を自分のものにする、ということになる。事実としてこういうことは多かったと推測されるが、法によるあと押しがあったとなると、話は別だろう。そんなバカな……と思うかも知れないが、これが実に多かったのだ。

悪徳刑事の役割を担ったのは誰か。多くは武士であった。幕府によって皇室領・公家領・寺社領荘園に設置された地頭は、「検断得分のための検断」を行った。百姓を捕え、犯人？の持っている土地を奪うことによって、荘園を侵略していった。検断得分を収取する権限は、武士の家に代々遺産として相続される利権なのだ。地頭が設置された荘園では、この弊害がひどく、荘民の逃亡が多発し、常に難民が発生する構造になっていた。

存在しない犯罪をでっち上げ、財産没収を目的として警察権を発動することは、幕府がたびたび法で禁じている。幕府法全体を見渡してみると、意外にも荘園領主を武士から守ろうとする法律のほうが多く、鎌倉幕府は果たして本当に武士のための政権なのか、という疑問を覚えてしまうほどである。幕府自身が武士の非法をもてあましていたわけだ。だがそうはいっても、武士の時代への転換に際し、この検断得分収取権という法理が、決定的な役割を果たしたことは否定すべくもない。寺社が検断不入を守ろうとした理由がわかるだろう。公家・寺社も領内の検断に際して、同様に検断得分権を行使する。だが武家領に踏み出してこれを行うことはない。国家の治安維持という名分を欠くならば、武士は強盗まがいの暴力集団に過ぎない。少なくとも朝廷・寺社はそう見ている。墓所の法理や仏陀法は無法に見えたかもしれない。だがそれならば、弱肉強食を追認正当化するような、検断得分は非道な法ではないのか、無法の法ではないのか。寺社の法理は検断得分というねじれた論理に対抗するために作られた、同じようにねじれた法理なのだ。

そもそも鎌倉幕府領というもの自体が、平家の持っていた荘園を、頼朝が検断得分を名目として奪取したものだ。謀反人追捕に対する恩賞という美名のもとに。平将門《まさかど》追討の際、朝廷は平貞盛《さだもり》や藤原秀郷《ひでさと》を起用したが、彼らは将門と変わらない半独立の武装集団であった。頼朝・義仲《よしなか》・義経《よしつね》も平家追討のため登用されたが、すべて同類である。後世、清水次《しみずのじ》郎長《ろちょう》は戊《ぼ》辰《しん》戦争時に、明治政府により道中探索方に任命され警察として公認された。

近代警察制度確立以前、非合法または未公認の武力集団を公認して、警察力として利用するやり方は政府の常套手段であった。いや終戦直後ですら、無警察状態の東京・大阪の警察機能の多くを公的に、あるいは暗黙の委任のもとに代行したのは暴力団であった。いうまでもなく「検断得分」を伴っていた。山口組の田岡一男は、治安維持への貢献により兵庫県警水上署の一日警察署長を勤めている（宮崎学『近代ヤクザ肯定論』筑摩書房）。

政基の行為に眉をひそめる人も、テレビドラマで義経が斬る、というのには全く抵抗がないだろう。それがあなたの偏見なのだ。行為の正当性・不当性にさして違いはない。無批判に礼賛されがちな武士であるが、その台頭には経済ヤクザさながらの暗黒史を伴っている。武士＝ヤクザ論は、今日でも関西の学界で底流として流れている。西の朝廷・寺社と東の鎌倉幕府の対立が、今日に受け継がれているようで興味深い。

†政界記事だけ……財界記事のない歴史

江戸時代以後の歴史書は、中世史を幕府と朝廷の対立としてだけしか描いてこなかった。その姿勢そのものが根本的に間違っている。経済規模では幕府・朝廷より明らかに大きい寺社勢力の世界を、まるで存在しないかのように無視して、すましている本がほとんどだ。史料の圧倒的な豊富さはもちろんのこと、巨大な武力など、寺社勢力の存在の大きさは、専門家なら知らないはずのない事柄ばかりだ。これは一種の暴露になってしまうのだが、残存史料に即していうならば、寺院史は書けるが、幕府・朝廷史は書けない……というのが本当のところだ。たしかに、「頼朝」とか「信長」の文字が入っていないと「商売にならない」面があるのは事実だが……知っていることと言っていることが違うのは、書き手が教科書的歴史叙述、並びに読み手の要望（英雄物語）に無意識にすり寄っているためである。

今日、財界が日本を動かしているのかどうか、政界以上の実力があるのか、あるとしてその実力はどんな形で社会に影響を与えているのか、これは議論があるだろう。だが小さな記事であろうと、一日として経団連や日経連の動向が載らない新聞はない。歴史書には財界記事（寺社経済史、仏教思想とは別物）がゼロなのだ。幕府・朝廷史という政界記事だけだ。政治面だけで経済面がない新聞だって？……おかしいとは思いませんか？

より本質的な話をするならば、寺社を、当時及び今日の国家が期待する宗教というごくごく狭い領域に押込めることはできない。寺社（無縁所）はもともと国家によって包摂されえない部分、また包摂された後に国家からやむをえずはみ出した部分をまるごと受け止める存在なのだ。このことは全ての罪ある人を救おうとする宗教の本旨にふさわしい。国家を山頂部分だとするならば、無縁世界は大きく広がる全体社会の裾野なのだ。

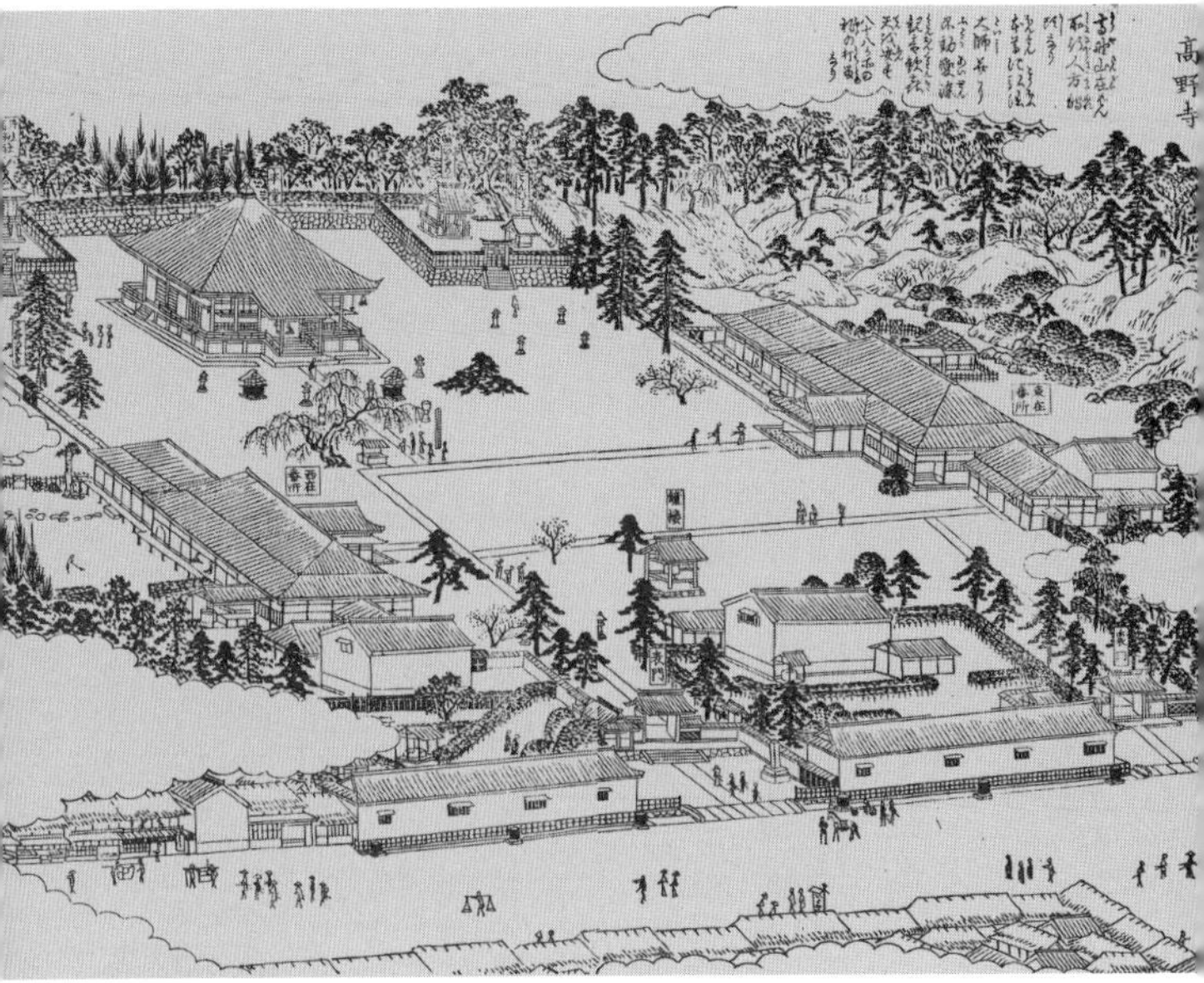

三章

無縁所とは何か

行人方高野寺図(『江戸名所図会』)
無縁所高野山の実権者は、平民出身の行人であった。中世の全盛を失って、江戸時代には、参勤交代するミニ大名としてかろうじて生き残った。

御府内《ごふない》八十八箇所巡りは、第一番高野寺《こうやでら》に始まり、第八十八番高野寺《こうやでら》で終わる。四国から江戸に勧請《かんじょう》された八十八箇所遍路は、東京都港区高輪《たかなわ》にある高野寺、高野山《こうやさん》東京別院を最初に、もとその近くにあり現在は移転して杉並区和泉にある高野寺、遍照山《へんじょうさん》高野寺文殊《もんじゅ》院《いん》で結願《けちがん》となる。本尊は仏である大日如来《だいにちにょらい》ではなく、聖人《せいじん》たる弘法大師《こうぼうだいし》である。中世、真《しん》言宗《ごんしゅう》の教義はほとんど社会に浸透せず、より具体的で親しみのもてる弘法大師信仰が、庶民信仰を集めた。これはこのことを反映する。前者は高野山の学侶《がくりょ》方在番《ざいばん》屋敷、後者は行《ぎょう》人《にん》方在番屋敷である。在番屋敷とは一般の藩の江戸藩邸に相当する。

　江戸時代の高野山行人は、六人の組頭の内二人が半年の任期で江戸に参勤交代する。高野山は十万石格の大名なのだ。学侶方は行人方とは別に参勤交代をした。正月には江戸城に登城して柳の間に詰める。柳の間には織田《おだ》・松浦《まつうら》・伊東《いとう》・津軽《つがる》などの諸大名が詰める。井伊《いい》・会津松平《まつだいら》に次ぎ、阿部《あべ》・稲葉《いなば》より上格である。高野山領は周囲を御三家の紀州藩領に囲まれているが、高野山はその支配を受けず、独立して領内支配を行った。

　参勤交代とは、武士が将軍に拝謁《はいえつ》して主従関係を確認する意味を持つ武家役である。「将軍個人」との人格的主従関係ではなく、「将軍家というお家」との制度的主従関係だ。高野山の武家としての性格がわずかに残る。だが実際は秀吉《ひでよし》の刀狩により武器を没収されて武力を失っている。幕末の百姓一揆や地方《じかた》騒動の際には、紀州藩兵を呼び入れて鎮圧してもらった。中世の全盛を失って、かろうじて生き残った行人と高野聖《こうやひじり》の姿である。

さて序章で述べた問題に戻ろう。そもそも無縁所とは、縁の世界から、中でも領主や権力から逃れて駆込む場のはずである。駆込んだ先の無縁所もまた領主・権力者、というのはいかにも不自然に響く。二章で見た荘園領主や主従制の核といった要素は公家や武家と同じだ。本書ではそれとは異なる境内都市《けいだいとし》の顔を見よう。武家や公家と何が違うのだろう。

1 無縁所の実権者——平等と下克上の世界

†たかが庶民

「感神院《かんじんいん》が延暦寺《えんりゃくじ》の末社というのは枝葉、本分は国家の鎮守」と激怒した鳥羽院《とばいん》は続けた。

「台嶺《たいれい》の浄侶たりといえども、あに率土《そつど》の庶民にあらざるか」、聖なる比叡山《ひえいざん》僧といっても、

「たかが庶民」ではないか、と。こういう見下した言葉が、寺社勢力・境内都市に対して、何度となく投げつけられた。

寺院の内部には、①学侶、②行人、③聖《ひじり》、の三身分がある。

①学侶は教学の研鑽《けんさん》、「学」を本務とし、世俗の貴族・武士・富裕民の出身であり、寺内でも特権を主張する。学侶・衆徒《しゅと》・学匠《がくしょう》などと呼ばれる。本書は学侶の用語で統一する。

②行人は「行」、寺院や朝廷の公式行事の場で雑役を勤める下級僧侶で、武士より下の身分に出自を持つ。半僧半俗で、世俗の百姓身分に対応し、学侶より一段下位とされる。行人・堂衆《どうしゅ》・法師《ほっし》原《ばら》・夏衆《げしゅう》・花摘《はなつみ》などの雑多な名称で呼ばれる。本書は行人・堂衆を用いる。

③聖は定住地を持たない無縁の人の典型である。寺に定住せず全国を遊行《ゆぎょう》するものが多く、本寺による人的管理はほとんど及ばないけれども、寺院の信仰と権威を背負って、寄付を募り参詣の勧誘をし、その廻国は参詣者の増加につながり、寺社経済は結果として潤う。だから境内都市は聖のコントロール基地となってはいないが、彼らが広義の寺僧であることは間違いない。山伏も聖と同じである。

†学侶・行人・聖の実数

高野山には、学侶・行人・聖、三者の実数がわかる史料がある。一三一〇年の「修正《しゅしょう》餅支配注文」には、新年の最初に一年の平穏を祈る修正会《しゅしょうえ》に際し、祝儀の餅を配分してもらう資格を持つ僧侶約三千人が挙げられている。高野山が認めた正規の寺僧である。長官の検校《けんぎょう》以下の学侶が約四百人である。行人は、明確な職掌を持つ預《あずかり》・承仕《しょうじ》・夏衆だけで三百四十一人、雑務をこなす「雑僧」と呼ばれる二千二百三十六人を合計して約二千六百人おり、学侶を数的に圧倒している。聖は百人であるが、これは寺の保護を公的に受ける資格を持つ聖の定数で、諸国を廻国中のもののほうが多く、実数は行人よりずっと多い。

人口試算の手がかりとした一五八六年の顕如《けんにょ》の日記は、高野山七千坊のうち学侶百五十坊、他はすべて「世間者」と呼ばれ世間的な俗事に携わる行人だと記す。秀吉の厳密な調査では学侶百九十坊である。行人の実数を記す帳簿が残っていないが、顕如の印象は実態と大きくかけ離れてはいまい。鎌倉時代の数的優劣はより決定的なものになった。「世間」とは俗世間における経済行為をいう。南都では「世業《せぎょう》」と呼ぶ。行人・聖は寺院の台所を支えたが、境内都市の経済規模の巨大さを考えると、彼らは中世社会そのものの台所を支えた存在といってよい。学侶は仏法を支える役割を持つわけだが、その仏法、天台《てんだい》や真言の教えは、現代人にはもちろんのこと、中世でも社会に広く伝わったとはいいがたい。

全国各地、津々浦々に広まる弘法大師信仰によれば、大師は没したのでなく、一方で奥之院の大師廟の中で入定《にゅうじょう》しつつ、他方で遍路《へんろ》一人一人に同行して諸国をめぐる。この弘法大師伝説さながらの姿で高野聖は全国を回る。高野山金剛峯寺自身にも実数はわからない。一五八一年の織田信長《のぶなが》による高野聖の虐殺者数は、三ケ国だけで千三百八十三人とされている。全国では万を越えるであろう。

†行人差別の観念

数が多くても結束がなければ行人は力を持たない。『源平盛衰記《げんぺいせいすいき》』によれば比叡山の行人が組織を持ったのは、一〇七八〜一〇八一年の間のことで、金融活動がその台頭原因であったという。この記述は物語のテーマと関係のない「堂衆」という言葉の解説なので、物語の成立した鎌倉時代の常識と見てよい。文書・日記にも十一世紀後半以後、行人・堂衆・夏衆という語が頻繁に現れるようになる。この記事は事実を反映するとみてよい。また先の保元《ほうげん》新制で弾劾されているように、台頭原因についての説明も信頼できるだろう。

一一七三年の果たし状一件の際、関白藤原基房《ふじわらのもとふさ》が、氏長者《うじのちょうじゃ》の立場で氏寺の興福寺《こうふくじ》に使者を送り院宣《いんぜん》を伝えた。その時の模様を『玉葉《ぎょくよう》』で見ると、朝、興福寺トップの僧侶四十三人が金堂《こんどう》の前に集まったので、延暦寺の末寺である多武峯《とうのみね》を焼討ちした興福寺の非をとがめる院宣と基房の書簡を伝えた。彼ら穏健派はともかく無難にすませたいので、嘆息しながらこれらを読んでいた。そののち午後四時頃までに、武闘派の学侶のほか行人（東西金《とうざいこん》堂衆《どうしゅう》）が大湯屋《おおゆや》に集まった。だんだん人数が増えて大湯屋に収まらなくなり、前庭に集まったその数を見ると四、五千人、みな甲冑《かっちゅう》姿であった。彼らは延暦寺の側が悪いと言い張って聞かない。行人は無視できない大勢力になっていた。承久の乱頃まで、行人は公家の日記や叡山の『天台座主記《てんだいざすき》』に、専ら《もっぱ》「堂衆」と表現される。現代語訳の時、原文の雰囲気を損なわないために、しばらくこの呼称を使おう。

一二〇三年、叡山で学侶・堂衆の合戦が勃発した。ことの起こりはこうである。どこの寺院でも湯屋の入浴順は、身分により厳しく規定されていた。学侶が先、堂衆が後である。ところが堂衆が先に入浴し、それを学侶がとがめたところ、それに対して堂衆が暴言を吐いた。翌日学侶が入浴しようとした時、堂衆が砂礫を湯釜に投げ込んで妨害した。学侶は鬱憤のあまり山上を退去した。この混乱のため、叡山のすべての年中行事、鎮護国家祈禱は、全面的にストップすることになる。普段は暖かく暮らしの楽な京都でぬくぬくと暮している座主が、登山して堂衆を説得したが聞かなかった。その後堂衆は院々谷々に堂衆専用の湯屋を作ろうとした。延暦寺西塔の長が堂衆の上首《じょうしゅ》二十人を呼んでこれを禁止したが聞かず、ついに建設を強行した。ここに「上首」に指導される行人組織が浮かび上がる。これから十年もの永きにわたって続く堂衆合戦が起るのだがそれは後に譲る。

学侶の行人に対する敵意は、身分差別に基づく偏見に根ざしたものだ。堂衆の後に入るのは堂衆のケガレの中に身を投ずるような生理的嫌悪を感じたのだろう。同年日吉《ひえ》神輿《しんよ》七基が焼失したときも、この火事は堂衆が群集して、その汗の穢《けがれ》が充満したため、神がケガレに怒って起こした神火だ、という説明が『天台座主記』にある。なお湯屋の遺跡は根来寺で発掘されている。おそらく行人の湯屋と推定される。

アメリカの市民権運動は、人種別にトイレやシャワー室を分離するジム・クロウ法に対する反発から起った。学侶の差別感覚はアパルトヘイトによく似ている。

さて一二一三年の清水寺と山門末寺清閑寺《せいかんじ》との境界争いの喧嘩の際、「修学者《しゅがくしゃ》」は即日放免、「下法師《げほっし》」は検非違使《けびいし》に勾引された。学侶・堂衆の身分により刑罰が異なる。貴族の生理的嫌悪は、刑法上の身柄の取り扱いの差別にまでつながっている。

†聖の激増

ところで行人より身分の低い聖の活動はどうだったのか。境内都市ではどこでも人口増加が深刻な問題になった。参詣者なのか一時逗留の聖なのか判然としない人々が、「宿借《やどかり》人《にん》」として居つくことが多かった。流入民の増加は、旧住人にとっては異人《ことひと》の激増と意識されて不安を醸し、平安時代の京都における車宿《くるまやどり》の増加と同様、都市秩序の危機と受け取られた。一四一三年に高野山が定めた次の一味契状《いちみけいじょう》がこの不安を物語る。

当山は真言宗の霊峰である。他人を雑住させないのが先例だ。門徒でもないものが雑居することは、高祖《こうそ》弘法大師の厳しい禁令がある。近年、覚心《かくしん》という荒入道が萱《かや》の庵《いおり》を結び念仏三昧を行って以来、「高野聖」と自称し、諸国を回って行く先々で食を乞い野宿をして、仏道修行だと称するものがいる。誰にもできるお手軽な易行《いぎよう》なので、世捨人の類が、こぞってこの門下に入っている。今や高野山は念仏の寺のようになってしまった。今後、外来者の住宅建設を禁ずる。

真言宗以外の他宗の者の雑住を認めない先例（と称するもの。こんなものは実在しない。後述）を持ち出して、時衆《じしゆう》を禁制し新庵室を作ることを禁止している。人口問題が高野聖の急増に伴って起り、学侶にエトランジェ（異邦人）増加の脅威を与えた。学侶は真言宗、聖は時衆である。奇妙に思えるだろうが、中世では寺院内部で宗派の違いがあるのはどの寺でも普通だ。覚心も念仏だけでなく、真言・禅・律にも励んでいる。安居院聖覚《あぐいしようかく》も天台僧にして浄土真宗の祖師だ。中世仏教の特徴は、兼修《けんじゅ》・雑修《ざつしゅ》というところにある。学侶には都市問題があたかも宗教問題であるかのように見えている点が面白い。高野聖のおかげで参詣者が増加し学侶も潤っているのだが、恩に着る様子はさらさらない。

Cǒya fijiri. 高野聖　荷物包みを背負い、寄付を乞いながら遍歴する、高野（Cǒya）の僧院の坊主（Bǒzos）（『日葡辞書《にっぽじしょ》』）

高野聖は社会的に認知された職業ジャンルであり、この語は普通名詞である。一生を廻国に費やし、一回も高野山に登ったことのない（自称）高野聖もいた。

時衆の祖師伝、『一遍聖絵《いっぺんひじりえ》』は絵巻物であるが、一二九九年という成立時期が明らかであり、この種のものとしては信頼できる。京での一遍は、最初に祇園社《ぎおんしゃ》に詣で、双林寺《そうりんじ》・正法寺《しょうほうじ》・六波羅蜜寺《ろくはらみつじ》などに参り、京の絵画場面の最後は、祇園社の堀川材木商人の記述である。すべて叡山のテリトリー内での布教であった。一遍は叡山からの弾圧を警戒したが、案に相違して横川の高僧真縁《しんえん》が弟子入りしてきた。結局叡山の聖は多く一遍に帰依し時衆となった。鴨河原には二条・三条・四条・六条・七条の時衆道場が林立することになる。南北朝時代の祇園社執行顕詮《しゅぎようけんせん》の信仰も時衆に近い。彼は四条道場と六波羅蜜寺に深く帰依し、西方浄土に沈む入日を拝む日想観《にっそうかん》の修法《しゅほう》をよく行っている。

†実権者

室町時代以後、高野山・根来寺《ねごろでら》周辺地域の文書に、行人《ぎょうにん》という語は多く現れるが、衆《しゅ》徒《と》・学侶《がくりょ》などの言葉はほとんど見られない。寺外の一般社会における行人・聖の社会的影響力は、学侶のそれを完全に上回っていた。

実力差の内実に踏み込んでみよう。鎌倉時代の高野山では、学侶の命によらず行人が独自の判断で行う「私検断《しけんだん》」の禁止令が数多く出された。ところが一四五九年頃には、一転して、検断は原則として行人組織が行う、と定められていたことが確認される。学侶もこの原則を不本意ながら認めていた。ただし容疑者が学侶である場合だけが例外で、行人でなく学侶が追捕《ついぶ》する。検断には検断得分が付属することをお忘れなく。

本来は学侶からの検断命令を忠実に履行する検断実行者に過ぎなかった行人が、それを次第に権限に高めていったと推定される。私検断だった行為が公的検断と認定されたわけだ。執達吏《しったつり》から検断権者への成長である。公権の柱である検断権を掌握していたのは、学侶より身分の低い行人である。境内都市の中核は明らかに行人だ。武士は朝廷の命のままに犯人を捕えるたかが警察権者から、国政のリーダーの地位にまで上昇した。それと同じことが起ったのだ。無縁所はいったい誰によって運営されていたのか。その答えは鳥羽院の憎悪に満ちた言葉に明らかだ。境内都市の実権者は、貴族や武士より下の身分に属する名もない「庶民」、行人である。無縁所が権力から嫌悪され続けた理由はここにある。

なお聖は諸国を回っているから、境内都市の内部において政治的実権を振うことはない。

†下克上

鎌倉時代末期、高野山は所領荘園の荘官らに「荘官らは、寺僧をお向えする機会には、必ず礼をつくします。金剛峯寺《こんごうぶじ》の使者として来られた寺僧に対しては、それがたとえ公《く》人《にん》・堂衆《どうしゅ》であっても、決して敵対いたしません」と誓わせた。

「敵対」「違背《いはい》」という語は、絶対的な上下関係が存在する場合に使われる用語である。決して背いてはならない存在に背くことを意味する。謀叛とか反逆という言葉と同じニュアンスである。荘官は武士または富裕民出身者（寺に入れば学侶になる）で、荘園管理人の役職を勤める。公人・堂衆（行人）はこれより下の一般の百姓身分、またはさらにそれより下の被差別身分である。「武士・有力農民∨一般百姓」の世俗身分が、「荘官∧公人・堂衆」と逆転するのだ。この時代の特徴である下克上の流れというよりは、その結果と言うべきだろう。無縁というフィルターを通せば、身分の逆転すら起りうるのだ。

下克上の代表として著名なのは、境内都市石清水八幡宮寺《いわしみずはちまんぐうじ》の神人出身で、石清水の主力産業であった灯明に使う荏胡麻油《えごまあぶら》の販売商人から、戦国大名になった斎藤道三《さいとうどうさん》である。

†堂衆合戦——源平合戦と承久の乱

『平家物語《へいけものがたり》』に「山門滅亡　堂衆合戦」という段がある。一一八〇年の堂衆と学侶の合戦を描いたもので、堂衆を「諸国の窃盗・強盗・山賊・海賊らの悪党を動員している」「はなはだしく貪欲で、命知らずの奴原《やつばら》だ」と悪し様にののしる。彼らは石弓、すなわち城の上に置いて攻めかかる敵に石を落とす仕掛けを使って戦った。また公家の日記で、堂衆はいつも群盗の母体と決めつけられて非難され、「叡山門前としての京」の治安悪化の元凶と指弾された。夜な夜な人々の刀を奪う『義経記《ぎけいき》』の武蔵坊弁慶《むさしぼうべんけい》を彷彿とさせる姿である。悪のヒーロー（ヒール）弁慶は、叡山の堂衆を一つのモデルとした人物像である。

源平内乱はこの堂衆合戦が引き金になった。直後に以仁王《もちひとおう》が挙兵し、福原遷都、頼朝《よりとも》挙兵、平安還都、南都焼討と続く動乱の一年が始まる。さらに一一八五年の守護・地頭設置まで続く動乱の六年へと続く。平家への鬱積した不満はついに沸点に達して爆発した。何とか保たれていたバランスに投じられた一石は、叡山で起った堂衆合戦であった。

この後堂衆はいち早く源氏方に応じて平家の足下を脅かした。平安末期から、東坂本の隣接地に木戸三ヶ荘という荘園を経済基盤として保持し、合戦の際にはここを根拠とした。

湯屋の入浴順をめぐって一二〇三年に始まった堂衆合戦は、十年あまり続いた。湯屋建設を強行した後、堂衆は木戸三ヶ荘の兵を率いて山上に城郭を建設し、学侶もまた城郭を作った。天台座主実全《じつぜん》は責任を取って辞職し、座主空位は三ヶ月に及んだ。堂衆は河東《かとう》の祇園社及びその背後の霊山《りようぜん》・長楽寺《ちようらくじ》に籠もった。この場所は六波羅の隣だから大胆な行動に見える。だが堂衆の本当の根拠地、「叡山門前としての京」はまさにここだったのだろう。院は首謀者を捕えた後、堂衆を赦免する方針だったが、学侶は「主犯だけを処罰しても、堂衆の本性の猛悪は改まらない。永久追放して比叡山僧の名簿から削るべし」と院に要求し院宣を撤回させた。しかし堂衆は従わない。

ついに院は、「官軍」として幕府兵の起用に踏み切った。この時幕府は不入権《ふにゆう》を破ったわけでなく、朝廷の命に応じて出兵しただけである。幕府と叡山との全面戦争ではなく、堂衆との合戦で負けそうになった叡山学侶の要請により援軍を送ったのである。学侶にとって堂衆問題は、恨み重なる幕府の手を借りねばならぬほどの大問題であった。

この合戦で佐々木重綱《ささきしげつな》・葛西重元《かさいしげもと》・豊島朝経《としまともつね》という錚々たる御家人たちが討死した。重綱の父で『平家物語』「宇治川先陣」の段で勇士として描かれる佐々木高綱《たかつな》は、当時出家して高野山に隠居していた。発心《ほつしん》して寺院に引退した鎌倉武士は存外に多い。無縁所へ隠遁していた彼が重綱の陣を見舞い対面した。重綱が立ち去った後、「彼はきっと手柄を立てますよ」という武将たちに老将は言った。「勇士が戦場に赴くとき、防具が最も大切なのだ。甲冑は軽く薄く弓矢は短小がよい。山地の比叡山山上や丘陵地の坂本での歩兵戦では特にそうだ。今見るに重綱の甲冑は重く弓矢は大きすぎる。あれでは死をまぬかれることはできない」と。『吾妻鏡《あづまかがみ》』の記事である。実際この時、堂衆は投石という関東武士の常識にない戦法を駆使した。百三十年後に楠《くすのき》正成《まさしげ》など、悪党と呼ばれる人々が使う戦法の先駆けである。義経追討の際、頼朝が叡山を攻めなかった理由がうなずけるだろう。

院は全国に堂衆追討令を出した。堂衆合戦は全国的な内乱であったのだ。ところが一二〇四年に事件が思わぬ展開を見せる。上皇の乳母に藤原兼子《かねこ》という女性がいた。院政陰の女性といわれ、その意見で聞き届けられなかったことはないという。兼子と親しい僧（名は不明）が流罪に処された。この僧が堂衆と手を結んでいるという疑惑によるものであった。堂衆の人脈は広く張りめぐらされていた。

一二〇六年には、堂衆二百人ほどが、叡山の仇敵園城寺《おんじようじ》（三井寺《みいでら》）を根拠地として出立し、湖上から数艘の船で今津《いまづ》浜に押し寄せて馬などを略奪した。堂衆はこの勢いで叡山に帰ろうとした。堂衆は先の一一八〇年の合戦の際にも三井寺に逃げ込んでいる。

一二一一年八月、突如として後鳥羽《ごとば》院は堂衆を赦免し所領を回復させた。この頃堂衆は土御門《つちみかど》院の身柄を押さえて、これを奉じて決起しようと試みたりした。複雑な背景があるようだ。この恩赦は学侶の反対で一旦取りやめとなったが、九月にまたも再び恩赦が行われ、堂衆四百人ばかりが、院の命令により、北山妙見堂《きたやまみようけんどう》で国家安泰の祈禱を勤行《ごんぎよう》した。「年来勅勘《ちよつかん》をこうむり所々に隠居す。しかるに今これを寛宥せらる」と記される。

後鳥羽院といい兼子といい、単純に身分の高い学侶を贔負《ひいき》しているわけではないようだ。後鳥羽院は歴代天皇のうちでも傑出した人物で、『新古今和歌集』を撰する一方、自ら盗賊を捕縛するなど武芸にも秀で、後の後醍醐《ごだいご》天皇を思わせる人物であった。新奇を好み、身分を超えて人物を登用した。倒幕のために堂衆の武力を利用しようとしたのである。

堂衆合戦については、この後の史料を欠いており結末はわからない。以後『天台座主記』から「堂衆」の語が消えるので、勢力を失ったと考える説もあるが、大打撃を受けたわけではないし、かりに衰退したとすると、誰が堂衆に代わって雑務や金融活動を担ったのかが不明である。衰退説は疑問である。南都や高野山では、この時代以後行人が全盛を迎えるのだ。叡山だけが例外ということはないだろう。

†利によって結ぶ学侶・行人・聖

学侶と行人・聖が対立してばかりいたかといえばもちろんそうではない。学侶と行人・聖が連携するのは次のような場合だ。

高野山が熊野参詣道の紀伊国大野郷（和歌山県海南市）に関所を設置し、参詣人から関銭を徴収した。これに熊野は反発した。一三七二年の裁判において、高野山は熊野格下論を展開し「男女猥雑の瑞籬《みずがき》」と呼んで、不邪淫戒《ふじゃいんかい》違犯や性的放縦を非難した。

高野山は女人禁制《にょにんきんぜい》の聖地を標榜する。対して熊野は、聖地を女人に開放すると宣言し、女人の参詣を積極的に勧誘した。これが成功して、陸路・海路の参詣者は、北は陸奥、南は薩摩に至るまで、全国を網羅し「蟻の熊野詣《ありくまのもうで》」と言われる大行列をなした。文字の読めない民衆にわかりやすい音楽的要素や芝居の要素のある説経節や、絵巻による参詣勧誘、絵解《えとき》などを勧誘手法として用いた。熊野の聖は女性の熊野比丘尼《びくに》が多い。全国にはもちろん朝鮮半島にさえ熊野の末社があった。

高野山の訴状は「衆徒等謹《しゅとらつつしんで》言上《ごんじょう》」と書出されている。衆徒（学侶）が言っているようだが、中身は、学侶の真言密教（大日如来《だいにちにょらい》が主尊）からの批判ではなく、「上品上生《じょうぼんじょうしょう》」の高野山が、「中品上生」の熊野より優るという浄土教《じょうどきょう》（阿弥陀如来《あみだにょらい》が主尊）によって熊野を見下したものだ。実はこれ、阿弥陀信仰を持つ時衆、高野聖の宣伝文句そのものなのだ。先にみたように五十年後の一四一三年には、高野山学侶は高野山内で時衆を禁制することになるのだが……この訴状は学侶と高野聖の思考をないまぜにし、なりふり構わず関の権益を守ろうという執念ばかりが表面に出た論理一貫しない駄文である。（実は熊野比丘尼も時衆）。宗旨を異にする一山の学侶・行人・聖の結束とはこういうものだ。しかし今更言うまでもないが、嗷訴《ごうそ》の際の結束は、どれも経済的利益のための結束ではなかったか。

†行人の武力を頼む世俗権力

『源平盛衰記』には、頼朝が義経《よしつね》を討つための刺客として遣わした土佐《とさ》房昌俊《ぼうしょうしゅん》は、罪科により幕府に拘禁されていた興福寺西金堂衆であったという。ただしこれは「盛衰記」の主筋の記事なので、ことの真偽については慎重であったほうがよいだろう。倒幕に当たって後鳥羽院は堂衆を動員しようとして果たさなかった。行人を動員することは南北朝時代には普通になる。

①法勝寺《ほっしょうじ》宮某が、一三三六年四月、高野山堂衆に勲功の賞として和泉国麻生荘の荘園領主権を与えた。この人は名が伝わらない。皇子の名前がわからないとは不思議に思えるかもしれないが、歴史研究ではこんなことはざらなのだ。誰か解明して下さい。

②後醍醐天皇が、一三三六年七月、粉河寺《こかわでら》行人に勲功の賞として、紀伊国井上新荘の荘園領主権を与えた。

③懐良《かねよし》親王が、一三三六年八月、高野山堂衆に勲功の賞として土佐国宮崎別府という土地を与えた。

④懐良親王が、一三四八年正月、高野山夏衆《げしゅう》等に恩賞として、和泉国甲斐渡という土地を与えた。

このような恩賞給付や軍勢動員の文書が非常に多く残っている。①が「建武《けんむ》」の年号を奉じる尊氏《たかうじ》方（まだ北朝は擁立されていない）、②③は同じ年の文書だが、後醍醐により二月に改元された「延元《えんげん》」を使う南朝方である。いずれも宛先になっているのは平民身分の行人である。足利《あしかが》尊氏・新田《にった》義貞《よしさだ》など武士団の長に対するものと同じ様式の天皇・親王の直書《じきしょ》が出された。しかも従来天皇家・摂関家・南都北嶺、そして武士では将軍のみ、つまり最高の家柄か最高の格式のものしか持つことを許さなかった荘園領主権を与えている。叡山堂衆が持っていた木戸三ケ荘に対する権限は、おそらく武士が持つ地頭職と同レベルの荘園管理権にとどまっていただろう。武士の世界における下克上は有名だが、一足先に寺社では下克上がおこっており、行人がすでに大きな力を持っていた。

南北両朝ともなりふり構ってはいられなかった。身分より実力、というわけだ。南北朝時代に、いかに身分制秩序が壊れていったか。それを如実に示すできごとである。

2　あらゆる権威の否定

†一味の権威「国法に反しても」

神威を背景に寺社の要求を容れさせようとする嗷訴は、仏神の権威を高く、朝廷の権威を下に見ているわけだが、嗷訴の際の論理にはもう一つ別の要素が含まれていた。

一一九八年に興福寺は、和泉国の寺領に対する国司の暴政を指弾し、その流罪《るざい》を要求して朝廷に嗷訴した。その主張を紹介すると、

①一般原則として、紛争が国法により国家法廷で裁かれることに異論はない。

②だが例外もある。三千の寺僧が同心している事柄を、法廷になど委ねることはできない。なぜなら、寺には多くの僧がいて、みな顔かたちが違うように立場も考え方も別なのだ。それにもかかわらず、これだけの人々が全く同意している。これは春日神の御心である。神意がわれわれみんなの心に反射している証拠なのだ。

③国法に反していようがいまいが関係ない。これだけ大勢が一味同心するのは神慮の現れ

だ。無条件で主張どおり裁許されるべきだ。

行動をともにする条件の全くない人々が全員一致するということは、まさに奇跡なのだ。これこそが他のあらゆる権威を否定する一味・一同・一揆の原理である。身分の上下に関係ない意見の一致を主張する根底には、学侶・行人を問わず、興福寺のあらゆる人の意志が同じ重みを持つとする平等思想が伏在しているだろう。一味の決定は「衆命」と呼ばれて絶対視され、座主・別当であろうとも、これに違背することは犯罪である。

下級僧侶の殺傷はしばしば嗷訴のきっかけとなったが、世俗だったらこういう低い身分の者の命の値段はゼロ、ネコの喧嘩扱いとなる。これが問題化する理由は、末端身分であっても、聖なる一味を構成する一員だから、その命は無限大の値打を持つゆえである。

†日吉神輿が内裏を占拠

先に触れたが、一二八三年正月六日、日吉神輿が内裏《だいり》を占拠する事件があった。四天王寺《してんのうじ》は日本仏教の元祖と崇められる聖徳太子《しょうとくたいし》建立の寺として、またその西門は極楽浄土の東門と同一であると信じられ、浄土信仰の聖地として崇拝された。大阪湾に面した港を持つ境内都市であった。別当には延暦寺・園城寺僧が交替で任ぜられ、双方ここを末寺と主張し続けた。事件当時園城寺長官だった隆弁《りゅうべん》は、かつて鎌倉の鶴ケ岡《つるがおか》八幡宮寺別当を勤めた幕府昵懇《じっこん》の僧であった。山門・寺門抗争においては、幕府はいつも寺門贔負である。山門は四天王寺の恒久末寺化を要求し嗷訴した。内裏の門を守護する役の武士が恐れをなして警備を怠ったため、山僧は皇居に侵入、四脚門《よつあしもん》を破壊し常御所《つねのごしょ》に侵入して狼籍《ろうぜき》し紫宸殿《ししんでん》の御簾《みす》を引き落とすなどの大暴れをした。天皇はからくも別殿に難を逃れ、夜明けに院の御所に移った。正月早々の事件だったため、この年の年中行事はめちゃめちゃになり、七瀬《ななせの》祓《はらえ》・祇園会・日吉祭・授戒会《じゅかいえ》などが、延期されたり中止されたりする始末となった。

七月になって幕府の使者が上洛し、座主の処罰と張本人の禁固を決めた。武士の処遇については、「怠慢ではあるが、蒙古がこの秋に襲来するというから、今は勇士が一人でも多くほしいところだ。罪科は免ずる」とした。また四天王寺は「日本仏教最初の地」であるから別格であり、どの寺の末寺でもありえないから、別当には天台僧でない中立の僧を任ずべきだとした。翌年、幕府の御用僧である西大寺《さいだいじ》叡尊《えいそん》が任ぜられた。

この事件のために寺社勢力は、国学者や明治の学者に国賊と呼ばれて貶められることになる。だがこの一件で一番得をしたのは幕府である。さらにいえば後に足利義満《よしみつ》の計画した皇位簒奪はどうなのか。また天皇を超える神になろうとした信長、神となってしまった秀吉・家康《いえやす》などは、そういう道義で斬るならばよっぽど「国賊」である。彼らは「武士」だから結局免罪されたのだ。信長の比叡山焼討に至っては礼賛されている。

山僧は嗷訴の時は、いつも神輿によって内裏や院御所を占拠しようとした。神威は朝威の上にあったのだ。持ち場を離れて逃げ出した「勇士」でさえも、そう感じていた。少なくとも朝威より神威を恐れた。そういう時代なのである。

†主従制なし

一三一四年五月一日、新日吉《いまびえ》社の祭礼において、六波羅武士と日吉神人の間で喧嘩が起った。武士三人、神人多数が殺され、新日吉社の宝殿が破壊された。比叡山には赤々と篝火が焚かれ、六波羅探題金沢貞顕《かねさわさだあき》との合戦が始まるとの風聞がたって京中は騒動し、多くの武士が六波羅に馳せ向った。六月になると、関東からの急使が上京し、座主を罷免し、青蓮院・妙法院《みょうほういん》・円融坊《えんゆうぼう》の三門跡ほか、門主らに命じて、喧嘩の張本人を差し出させる方針が決まった。二十四人が張本人と認定され、九人が武士の館に軟禁され、十五人は許された。

新日吉社は、形式上は日吉社の末社であるが、院の御用神社といってよい。承久《じょうきゅう》の乱以前は、院の御前で流鏑馬《やぶさめ》が執行された。この射手に指名されることは、幕府に従うよりも朝廷に登用されることを名誉と考える西国の武士にとって、最高の晴れ舞台に立つことを意味した。承久の乱後は六波羅武士が射手を勤めた。

張本人は、上林坊《じようりんぼう》・行住坊《ぎようじゆうぼう》・実光房《じつこうぼう》・南岸房《なんがんぼう》・金輪院《こんりんいん》など全員法名である。室町時代に「大名山徒《だいみようさんと》」といわれ大きな勢力を振うことになるボスたちの先祖である。次世代の担い手がすでに出そろっていたわけだ。南岸房は道場坊祐覚《ゆうがく》とともに義貞に従って箱根で戦い、その後許されて、祇園社の「管領《かんれい》坊」、すなわち事実上の支配者におさまっている。

この事件は興味深い。①全体に処罰が軽い。②貴族からは最初「神人と武士の喧嘩」と見なされたのに、処罰されたのは大名山徒なので、山徒と神人は同じものである。③院御所に近い新日吉に山徒・神人が六波羅武士に入り交じって多数参列している状況から、京は叡山門前であることが改めて確認される。④大名山徒の大多数は住京していた、といったことがわかる。新日吉社は、朝廷・幕府・叡山の一触即発の接点であった。

次に叡山の「主従制」のあり方に注目したい。

一、卿坊《きようぼう》の木義《ぼくぎ》という僧は、妙法院と曼殊院《まんしゆいん》が、両方ともに自分の門徒であることを否定した。直接出頭させて現在の所属を聞いたところ、曼殊院に所属していると述べた。

二、西塔《さいとう》の行住坊《ぎようじゆうぼう》について、青蓮院に連絡したところ、「前青蓮院門跡良助法親王《もんぜきりようじよ》に仕えていたのは確かだが、門跡が交替したので、今は知らない」と返事がきた。

三、西塔の桂林坊讃岐《けいりんぼうさぬき》坊泰賢《ぼうたいけん》について、青蓮院に問合せると、門徒ではないと返答がきた。

四、東塔《とうとう》の千住坊蔵人阿闍梨《せんじゆぼうくろうどあ》純円《じやりじゆんえん》は、妙法院に掛け合ったところ、喧嘩以前に破門したと返事がきた。

五、西塔の南岸房《なんがんぼう》筑後《ちくご》注記《ちゅうき》隆昌《りゅうしょう》は、円融坊に問合せると、門徒ではないと返答された。

六、横川《よかわ》の昌憲《しょうけん》は、門主なしと答えた。

幕府は門流を武士の主従関係と同一視し、犯人捜査の単位として、その「主君」の門主と掛け合っているが、そういう門流主義が全然的はずれであることがわかる。ここからは、

①山徒は複数門主に属することが多く、その所属は非固定的である。

②門徒か否かは門主が認定するが、こういうトラブルが起ると、自分の所属でないと言いたがる。つまり武士の主従関係のような親分子分の手厚い保護がない。

③門流に属しないものがおり、その人間は座主直属扱いとなる。

④破門・放逐が頻繁にある。武家社会だったら間違いなく、「破門即死」である。

⑤個人対個人、門跡個人対山徒個人の主従関係が原則である。同じ門流に継続して奉仕する原則はない。武家社会にたとえるなら、源頼朝に仕えた武士が、頼家《よりいえ》以後の将軍に仕えるとは限らない、というのと同然である。後述の頼朝没後の事件を参照のこと。

寺僧は武士と同じく武勇と名誉の感覚を持つ。また境内都市と寺社領内武士の間には、武家社会と類似した御恩と奉公の関係がある。両者の武士的性質はよく似ているのだ。だが寺僧間には武家社会にあるような主従制は存在しない。

なお大名山徒の名前を見てほしい。学侶なら法華院・普門《ふもん》院・金剛《こんごう》院とか法然《ほうねん》・聖覚といった仏典にちなんだ名や院号が普通だが、木義・桂林・南岸など、仏語ではない奇妙な名称が多い。これらはかなり「下品」な名前なのだ。高野山行人の院号・坊号の名称はこれによく似ている。仏典に現れるもっともらしい名称が、すでに多くの院号・法名として使われているため、変った字を使わざるをえないのだ。後発勢力である証拠だ。名前を見る限り、大名山徒の多くは、堂衆の末裔である可能性が高い。

3　ダイシ信仰――広まらなかった天台宗と真言宗

†大師明神の権威

門跡には皇族や摂関家の子弟が入寺する。天台座主・東大寺《とうだいじ》別当《べっとう》・興福寺別当の地位は出世の終着点である。だが彼らには実力も権威もない。住坊を破壊されたり追い出されたりしたことは数え切れない。座主は十二世紀だけで十五回以上こういう被害にあっている。寺官の追放・殺害はそれ以上に頻繁に起っている。朝廷が公認している寺社組織の役職は、全くの名目にすぎず、実質的にはまるで機能していない。

一一五九年以後、高野山僧や荘官の起請文の罰文に、「誓いを破ったら、高祖《こうそ》大師明神《だいしみようじん》の御罰《おんばち》をこうむるべし」というフレーズが頻出する。叡山の場合は、伝教大師最澄《でんぎようだいしさいちよう》ではなく元三大師良源《がんざんだいしりようげん》が「大師」である。「大師違背」「大師敵対」という名称の独立した犯罪がある。別件の裁判中にこの罪を犯すと、根本の訴訟までも無条件で敗訴になる決まりだ。

「高祖大師明神」という観念は、本来の仏教思想からすれば随分な逸脱である。弘法大師が仏以上の存在として崇拝されているのだ。「カミ」として。一方空海が弘めようとした密教の主尊大日如来への信仰は地を払って影もない。高野聖というのは弘法大師信仰と阿弥陀信仰をあわせ持つ時衆であって、難解な真言宗の教義を解しない。時衆信仰はともかく、大師信仰は学侶・行人も大いに肯定するところで、中世高野山は全山挙げて、弘法大師信仰という呪術で結ばれたゆるい集団であった。さらに庶民信仰の世界を見ると、弘法・元三大師と聖徳太子三者の区別はついていない。天台宗だった粉河寺には弘法大師像が安置されている。発音するとみな「ダイシ」、仮名で記すとみな「タイシ」になる。調査しても、本来何大師だったのかがわからないのが普通で、この三つは混淆している。

高野山では、弘法大師掟書と称する法がたびたび出されている。「弘法大師が鉄砲製作を禁じた」などは噴飯ものの偽文書であるが、至高の「高祖《こうそ》大師明神《だいしみようじん》遍照金剛《へんじようこんごう》」が制定したと強調される法が多い。高野山の寺領は、「弘法大師《こうぼうだいし》御《ご》手印縁起《しゅいんえんぎ》」に書かれた広大な範囲全部だと高野山は主張する。これは捏造された文書だが、それを後醍醐天皇が承認している以上、政府も大師の権威を認め、法的にも裏づけていることになるのだ。

　幕府に法廷で高野山が争った時、相手の訴状に、高野山が係争地を横領したことを比喩的に「弘法が押領した」と記してある文句を見つけた高野山は「悪口《あっこう》の咎《とが》を適用すべきだ」と主張した。悪口と言ってもただのわるくちではすまない。法廷での悪口は喧嘩や戦いの原因になるから厳禁され、それ自体が独立した犯罪と見なされて処罰されるうえ、本訴も自動的に敗訴になった。幕府法廷においてさえ、大師を中傷する文言は罪科の対象と考えられていた。大師の権威は、中世社会のどこにおいても普遍的に通用したのだ。なお弘法大師は「高祖」、ご先祖様である。この観念は世俗の先祖観と似ていないだろうか。高野山には高祖院という名の子院もある。

　元三大師良源については今日あまり知られていないので、簡単に述べておこう。九一二〜九八五年、十八代の天台座主である。彼以前、叡山は根本中堂《こんぽんちゅうどう》などの諸堂塔を失い荒廃していた。創建当初は小堂だった根本中堂を巨大建築として再建したり、横川を開発したりするなど比叡山発展の基礎を作った。寺社勢力としての比叡山の創始者は、最澄《さいちょう》ではなく良源である。彼の時代すでに悪僧が多数住しており、園城寺との争乱も起っていた。祇園社を興福寺から奪取したのも彼である。『往生要集《おうじょうようしゅう》』の著者源信《げんしん》はその弟子である。諡号《しごう》は慈恵《じえ》大師、命日が正月三日であることから、「元三大師《がんざんだいし》」の通称で親しまれている。横川にある良源の住房跡には良源像が安置されている。『今昔物語《こんじゃくものがたり》』に多くの逸話を残す。『徒然草《つれづれぐさ》』は良源を起請文の創始者だと記す。没した直後から今日に至るまで、「角大師《つのだいし》」「豆大師」「厄除《やくよけ》大師」などと呼ばれ、広く民間信仰を集めている。角大師の画像は、骨と皮とに痩せさらばえた鬼の絵である。良源が鬼の姿に扮装して疫病神《やくびょうがみ》を追い払った時の像であるという。魔除けの護符として京都の民家に貼られた。伝説の偉人である。

†鎌倉殿と大師明神

図３　鬼大師図

鎌倉幕府の主従制の核は鎌倉殿（将軍）である。鎌倉殿は源氏滅亡後、藤原頼経《よりつね》・頼嗣《よりつぐ》・宗尊《むねたか》親王と続く。彼らは形式上の主君にすぎず、実権は北条《ほうじょう》家《け》得宗《とくそう》が握っていたと思われがちであるが、成人すればそれなりに御家人の信望を集め、反得宗の御輿《みこし》となりえた。

三人とも京都に追い返されたが、頼経追放時には名越《なごえ》・三浦《みうら》・千葉《ちば》氏が反乱を起こして滅ぼされたし（宝治《ほうじ》合戦）、頼嗣・宗尊廃位の時にも紛争が起っている。

一二五二年、一二歳の新将軍宗尊親王は、幕府年中行事の中心儀礼である鶴ケ岡放生会《ほうじょうえ》の際に病気になった。関東武士はみな心配し、熱が下がって食物を食べたと聞いて安堵した。しかしクライマックスの流鏑馬《やぶさめ》当日、八月一五日に再び病状が悪化し、大行列によるパレードは中止となった。北条氏にとってこの儀式は好ましいものではないだろう。主従制の中心が鎌倉殿であることが白日のもとにさらされるのだ。北条氏は一般御家人より上位の立場に立とうとしたが、それでも御家人は原則として将軍のみを主君と仰いだ。

境内都市に将軍などはいない。また再三些細な理由で追放され、命令を無視される座主・検校《けんぎょう》などには、主従制の核たりうる権威はない。だが境内都市には、寺領の武士に対して堂々と顕示しうるれっきとした「鎌倉殿」がいた。起請文の賞罰神《しょうばつしん》となり、違背が大罪とされるダイシ（弘法大師・元三大師・聖徳太子）であり、大仏であり、神輿である。これは超越的で絶対的な権威ではあるけれども、人格的結合関係とは全く性格を異にする。

境内都市には、領主としての立法・司法・行政権的支配がある。だが有縁の典型である人格的結合関係、主従制的支配関係は、領内武士に対してはあるが、内部には存在しない。

網野善彦は、東国の御家人制に対比して、西国には寺社・天皇に直属する「神人・供御《くご》人制《にん》」があったとする。供御人は天皇に魚・果実などの食事を提供する役職の狩猟民集団などをいうが、供御人が嗷訴などの集団行動をしたり、天皇を御輿（呪術霊）として担いだことはなく、供御人制に政治上の実体はない。一方、神人はその殺害が罪科として社会的に認知され、本寺・本社の嗷訴に発展する。聖別された存在である。御輿となる呪術霊はダイシ・大仏・神輿である。東国の御家人制に対比すべきは、西国の神人制である。

4　民主主義と大衆社会

†寺院の集会――民主制の議会

日本の民主主義というテーマを論ずる時に、常に言及されるのが寺院の集会制度である。「しゅうかい」でなく「しゅうえ」と読む。そのルールは次のようなものである。

各人は、遠慮なく意見を述べること、さらに自分の親類縁者の利害にとらわれず、本当に思ったことを述べよ、とされる。これは近代的な、良心に則って意見を述べる原則に似ている。集会は古代の仏教教団において、教団の運営のために定められた意志決定方式であり、民主的な形式といってよいだろう。

この会議が中世になると変化し、教団内部の問題に止まらず、世業・世俗、寺領経営や朝廷への嗷訴、また開戦などの政治上の意志決定にまで拡大して適用された。決議は全員一致の一味によるのが理想であるが、実際には多数決が多い。投票の論点を書いた見出しの下に、賛成者と反対者が印を付けて、その数の多いほうに決定したことを記した開票集計表も残っている。今日の選挙と同じ無記名投票だから個人の秘密は守られる。いうまでもないが、個人的には反対でも、一度決まったことには従わねばならない。

議会制に類似したこういう決議方式は、平等を建前とする人間集団があれば、ごく普通にできる。神の前の平等を前提とする世界宗教においては基礎原理といえるだろう。だがこの「民主主義」の実態は別である。境内都市には、あらゆる問題を集会で決定しようとする集会主義ともいうべき建前があるが、それが骨ぬきにされる例が多い。クラッセの『日本西教史』は、根来寺では集会が収拾できないほど数多く乱立し、事実上は少数のボス的僧侶により決定が左右されると述べ、この状態を「首長ナシ」と言い表した。

†現代型大衆社会

境内都市の意志決定方式で、古くから着目されているのは、頭を裹《つつ》み顔を隠す裹頭《かとう》集会である。『玉葉』『平家物語』に、興福寺・延暦寺の夜間の裏頭集会の状況が描かれている。破れた袈裟《けさ》で頭をつつみ、提案者が誰かわからないように鼻を押さえて声を変え、鼻をつまみ声をも隠す。提案の一ヶ条ごとに賛否を問い、討論がなされ、賛成なら「もっとも」、反対なら「この条いわれなし」という。発言の責任を個人が問われない形式である。

「寺中の衆議、日中にて足るべし、何ぞしいて深更を好むべけんや、御社に群衆せんや、今より以後、一切停止」という禁制が高野山で出された。日中におこなわれるフォーマルな集会の穏便で理性的な決定を逸脱しかねない夜更けの集会を禁ずる規定だ。夜という時間には、呪術的に特別な意味があるだろう。群集心理による暴走の可能性が非常に大きい。これが厳禁されるのは、実際こうした暴走によって寺院の政治意志が決定し、実行に移されてしまうからである。境内都市の公的意志はこうして決定する。昼は単なる儀式、夜が実質の決定、これが古今東西「政治」というものかもしれない。

叡山では一二五九年に園城寺の戒壇設置に反対して、寺僧らが横川にある祖師良源廟の前に群集し「門跡や師匠の制禁にかかわらず、一味同心すべし」という起請文を書いた。こういう非常時には寺院の基礎構造たる門流・師弟関係は否定される。

高野山でも訴訟に際して同内容の文書が現れる（一三〇四年頃）。

①勝訴までは、親類・師匠などの縁にとらわれて、一味の結束を乱してはならない。

②院や東寺《とうじ》・仁和寺《にんなじ》（形式上高野山にとっては真言宗の本寺にあたる）の命に応じて結束を乱すものは永久追放。
③院から「交名《きょうみょう》の尋《たずね》」、訴訟の張本人名簿の提出命令があっても返答してはならない。
④右の三ケ条を守ったために朝廷から罪人とされ、領地没収の命令が出たら、その者の所領は断固保全する。その時朝廷の没収実務に協力する検校以下の寺官は追放。

盟約が破れるのを防ぐため、院や本寺など高野山の上に位置する外部権力、また内部権力のすべてを無視し、あらゆる縁を否定しているところは、いかにも無縁所にふさわしい。一味の原理は主従制に類似した門流（師弟関係）を否定する。門流は会社・地域社会などと同様、政府と個人の中間にある集団、いわゆる中間集団である。中間集団の否定は現代の大衆社会の重要な属性である。一味は恒常性がなく、武士の「お家」のような中間集団とはいえない。境内都市というところは、成員が誰なのかを不明にしたがる場である。前に見たように幕府・朝廷は寺僧・神人の名簿と住所の把握を試みるが、これを秘匿することこそが境内都市のテーマであり、これこそが成員から見た境内都市の存在意義である。さらにいえば、内部に聖・山伏などの無縁の人を含む以上、一定の成員というものはありえようがない。境内都市は、民主主義というより大衆社会の特徴が目立つのだ。外見上の議会制度をもち、民主主義的約束がありながら、議論を尽くした結果とはいいがたい決定が出る。皮肉なことにこれも現代大衆社会に酷似する。

　負の面ばかり指摘したようだが、決議の責任は全員にあって、一部特定の「張本」の責任ではない、とするのは、今日の民主主義の無記名投票主義などに通じる原則である。「民主主義的ルール」は、世界のどこにも、いつの時代にも理念として存在するのだ。ヨーロッパの発明ではない。また、日本の方が古いというつもりもない。

5　自由の諸相

†無縁の人

　故郷を持たない無縁の人は、仮の故郷の境内都市の権威に依存することによってのみ、その生活を守ったわけではない。一四五〇年、諸国の山伏が集まって新熊野《いまくまの》社《しゃ》に楯籠もり、大勢を率いて和泉守護細川常有《ほそかわつねあり》の綾小路《あやのこうじ》万里小路《までのこうじ》邸《てい》へ押し寄せ、新熊野の神輿を振りたてる準備を始めた。前年に常有が山伏を殺害したことへの報復であった。大事件になりそうだったので、幕府の有力者である常有も屈服し、下手人二人の身柄を山伏たちに引き渡した。二人の生死は山伏の手に委ねられた。また罰金として百二十貫を支払い、田地十六ヘクタールを渡して決着をみた。

無縁の人は自分で自分を守ったのだ。無縁の人が生きるためには、自力救済が必要だった。土地の割譲は例の墓所の法理によるものだろう。そういえば各地に「ヤマフシノハカ」(山伏の墓)という地名がある。墓所の法理が適用された場所の痕跡だろう。

†いつでもいる無縁の人

生活の場そのものが無縁の場、という人々が、中世に限らず数多くいる。狩人・漁民・運送業者・貿易商などである。西日本に一九五〇年代まで存在した家船漁民は、文字通り船を家として生活し、魚群の後を追跡しつつ、夜は安全な場所に碇を下ろして眠る。母港には年に数日しか帰らない。遠洋航海の船員と同じである。彼らが活動することを許される範囲は「櫓《ろ》・櫂《かい》の届く程」、つまりどこまでもである。漁業の副業として物資運搬、さらには海賊・水軍として活動する力量がある。紀州漁民は、戦国時代には九州へ、大消費地江戸ができると房総・伊豆などに進出した。

無縁の人には都市型と辺境型、さらに都市辺境往復型の三種がある。三者は一応区別したほうがよい。ただ漁民が魚を採ること(仏教の不殺生戒《ふせっしょうかい》を犯す)の正当性の根拠は、神前に捧げる贄《にえ》を取るから殺生の罪が許されるというものなので、形式上とはいえ所属する熊野三山などの境内都市との関係を無視することはできない。

†所属寺社からの自由

山門・寺門の間の憎悪は尋常でなく、源平の宿怨の比ではない。不倶戴天《ふぐたいてん》の仇という言葉は、この両寺のためにあるようだ。だから堂衆合戦に際し、堂衆が仇敵の三井寺を基地に出撃したことには、注目すべき大きな意味があるのだ。

一五世紀末に、根来寺・高野山・粉河寺の三ケ寺の行人が集まって、共同経営の金融業を営んでいた。宗派を言うならば、粉河寺は天台宗、根来寺は新義真言宗、高野山は古義真言宗である。根来寺は高野山の子院だった大伝法院《だいでんぽういん》が、教義の違いから本山から分派独立してできた寺で、院政時代~南北朝時代、両寺は血で血を洗う抗争をくり広げた。延暦寺・園城寺と同じである。宗教史的な見地から、この共同経営を説明することは無意味である。高野山と根来寺が許し合い、遺恨はもはやない、というのは正しくない。もともと雑務である「行」を行う行人に、宗教の「学」をめぐる対立などありっこないのだ。

この三ケ寺の行人組織は登録名簿を持ち、成文の規約を持ち、規約に違反した場合メンバーから除くという制裁をも準備する恒常的な金融機関の連合組織を形成していた。営業上有利でありさえすれば、結束しない条件は何一つない、というのがヌリヤ小路の土倉の論理であろう。中世寺社勢力は、宗教で説明するよりも経済体として考えるほうが、ずっと明快に解ける。宗派の違いは無意味だから、三ケ寺行人は均質の経済人である。

熊野三山の参詣勧誘を行う御師《おし》（御祈禱師）でありながら、「ライバル」の伊勢大神宮《いせだいじんぐう》の御師を兼ねる者が多かったことはよく知られている。河東祇園社領や西坂本にも園城寺僧が混住していた。園城寺領近江大浦荘の代官は金輪院《こんりんいん》という山徒であった。また東海道の京都の入口にある園城寺門前の大津は、金融を営む日吉神人の最大の根拠地でもある。大津は園城寺門前かつ延暦寺門前というべきである。両寺の熾烈な抗争の背景には、京の入口、東海道の大津の関所の利権があったわけだ。もっとも両者が共存する大津の住人同士が、いつもいがみ合っていたわけではない。山門気風かつ寺門気風の土倉《どそう》も多かった。「寺社勢力」という言葉は曖昧な表現だが、個別寺社の枠を飛び出して活動し、利によって結ぶ行人・聖のありようを表現するには、最も適切な言葉なのだ。

寺僧は複数の寺院に属するにとどまらない。一一九一年、朝廷は「凶悪の僧徒が寺を離れた後、幕府に属して本寺を悩ますことを禁ずる」と命じた。寺を離れるのはよくあることなのだ。有利ならば幕府とも結ぶ。一二三九年の鎌倉幕府法は、山僧を地頭代官にすることを禁じ、任命した地頭は罷免と定める。ただし叡山を離れた後、永年を経た山僧なら、地頭代に任命しても罪に問わないという但書が付いている。一味の際における寺僧の結束は強固だが、無縁所の住人は、その性格上、寺への忠誠心や帰属意識は本来強くないのだ。寺院と寺僧の関係は決して緊密なものではなく、永年が経つと縁が切れるのだ。

一二七一年、高野山は、高野山の外で朝廷・幕府・仁和寺（高野山の本寺）の法を犯して処罰され、それを理由に山内を追放された者でも、それから時間がたち、追放後の期間に問題をおこしていない者は、高野山の正規のメンバーとして復帰することを許す、と定めた。無縁所らしく、国法で処罰された者でも、敗者復活を認めるのだ。

†駈込み後の自由

江戸時代の駈込寺と違って、中世の無縁所には駈込み後の束縛は何一つない。義経・後醍醐天皇などの駈込人は、駈込みに追い込んだ頼朝・尊氏を滅ぼそうとさえとした。自由があったというより、無縁所が彼らの行為を黙認・黙許したというべきである。自由の語にはそぐわないが、要するに外のできごとは、無縁所の関知するところではない、ということだ。無縁所における自由は消極的意味の自由以上には出ない。行人・神人の経済活動も全く制約を受けない。悪党為時は駈込みの後、寄沙汰により反撃した。これが「楽」の内容である。後世、高野山を服属させた秀吉は、この駈込み後の自由を全面否定した。

6 平和領域

†吾輩は無縁の人である

西国最大の御家人湯浅《ゆあさ》党の一族で、高野山領紀伊国神野《こうの》荘の代々の荘官だったある武士は、百姓に対する非法《ひほう》を理由に、高野山によって荘内追放の処罰を受けた。その子の高野山僧性実《しょうじつ》は、一二六三年、自分は父とは無関係な「住山者《じゅうざんしゃ》」、高野山に住む修行者であるから、他の一般の高野山僧と変らず、離山して神野荘に行って荘民に横やりを入れたりはせず、高野山への年貢をきちんと納入しながら正直に荘官の任務を果たします、と宣言した。もし万一混乱が起るようなことになったら、神野荘に対する先祖相伝の権利を放棄し、神野荘と本当に無関係な、他の住山者に荘官職を譲るとも言っている。

紛争当事者の子であっても、住山者になれば、紛争とは無縁の立場に身を置くことができるという観念が存在したのだ。「無縁の人」の一つの理想像である。

もっともこの言葉を額面どおり受け取るわけにはいかない。自らの僧としての無縁性を強調しているが、本音は方便として支配権を一旦放棄し、後日機を見て復活することが狙いだっただろう。だが結果はそうならなかった。これ以後神野荘では、不特定の寺僧が荘官に任命されている。本当に武士は一掃され無縁化が実現されたのだ。

ともあれ、こういう中立の立場の表明は時代を超えてよく理解できる。似たような主張は現在でもよく耳にするからだ。無縁の立場に立って、平和領域を作ろうとするわけだ。

†ジャングルの平和

無縁所は平和領域であることを期待される。一三五二年、戦い合う尊氏と直義《ただよし》は、近江の興福寺という寺で秘密会談を持った。寺は一時的ながら和平交渉の場を提供したのだ。

叡山は承久の乱の際、院からの出兵要請を拒否した。高野山が後醍醐の入山を拒否した事件については一章で述べた。南北朝時代は寺社が軍事動員されたりしたため、平和領域という側面が後退した時代にも見えるが、寺外ではともかく、境内の平和を実現する努力は常に求められた。

一三四八年正月、高師直《こうのもろなお》は楠正行《くすのきまさつら》を敗死させ、南朝の本拠吉野蔵王堂《ざおうどう》を焼き払った。吉野の近くに位置する高野山は、三月、次の一味契状を出した。

①天下擾乱《じょうらん》のこの時、南北両朝から、たびたび出兵を要請されている。だが甲冑や武芸は、

高祖弘法大師が遺誡《ゆいかい》で禁じたことだから、動員に応じて参戦してはならない。
②南朝・北朝の動員命令に応じないことをとがめて、動員拒否の罪科に処すると脅してくるだろう。相手にせず中立を保て。
③南北両朝がそれぞれ敵方に味方したと口実をつけて、高野山僧の領地を没収しようとするだろう。便乗して、公家・武家方に協力する者は、一揆一同の沙汰として追放する。
④これは一味の誓約であり、特定の張本人はいない。この文書は弘法大師の画像を安置する神聖な御影堂《みえいどう》に納め、高野山の重要法会の際に読み上げ、毎年この内容を再確認する。
堂々たる無縁所の平和中立宣言である。だが現実は厳しい。文書には年号を入れねばならない。南朝・北朝年号のどちらかを書かねばならぬ。この文書は北朝の「貞和《じょうわ》四年」で、南朝の「正平《しょうへい》三年」ではない。出兵せずとも一応は北朝側と見なされることになる。
それから六十六年後の一四一四年、高野山の入口に立入禁止の立札が立った。

幕府・守護の検断吏《けんだんり》などの部外者が境内に入り、○○は罪人だ、と称して、高野山に断りなく、その人間を問答無用で殺害することは認めない。かりに本当に犯罪者であっても、沙汰所（行人の運営する検断組織）の許可を得てから逮捕せよ。

入口に立札を立て、ここは無縁所だぞ、と幕府・守護の検断使に対し不入《ふにゅう》権を宣言し、高野山に無断で被疑者を殺害することを「私検断だ」として禁止する。同時に住民と参詣者に平和領域であることをアピールする。無縁所の面目躍如というところである。

†市場の平和

信長《のぶなが》が出した最古の文書として知られるのは、彼がまだ藤原信長と名乗っていた頃、東海道の宿のある尾張熱田《あつた》社《しゃ》宛に出した禁制で、一五四九年の立札である。冒頭で熱田社の検断不入を承認した後、「境内では、他国人でも尾張の国の人でも、敵であっても味方であっても、奉公人や老人・幼児・女子でも、検問してはならない。またその人たちが熱田社に保管している財産を調査してはならない」とする。こういう禁制は、局外者に対する命令というよりは、信長自身の家中《かちゅう》（家臣団）の者が社中で行う狼籍を取り締まるものである。信長は安心な保護者の立場に立って、熱田社を味方にしようとしているのである。熱田社は自立した存在とは言えないが、無縁所であり市場である。出入りする人の名やその財産を調べないということは、無縁所の匿名性を権力が公認したものということができる。また市場内部に敵がいることを、当然の前提として想定している。二十年後に無縁所の破壊、比叡山焼討を行う信長も、この段階では無縁所にすり寄らざるをえなかった。ただ注意すべきなのは、高野山の立入禁止札は、高野山自らが出したものだということだ。この禁制はそうではない。熱田社でなく信長が出したものだ。熱田社は独立した寺社勢力ではない。だが信長の完全な支配下にある「御用寺社」と断定することもまた躊躇《ちゅうちょ》されるのだ。それにしてもなぜ信長は敵とわかっている者の出入りを許すのだろうか。

　駿河国江尻宿（現静岡市）は巴川右岸にある港湾都市で諸役不入の地である。中世には陸上・海上交通の要衝として栄えた。今川《いまがわ》氏没落後、ここに築城した武田《たけだ》勝頼《かつより》の武将穴山《あなやま》信君《のぶきみ》（梅雪《ばいせつ》）は、市場商人たちに「何としてでも敵方商人から鉄砲を買いつけよ」という命令を出し、成功報酬として法外な恩賞を約束した。敵方商人から鉄砲を買うためには、現実に敵・味方商人が入り交じる市場の平和と安全を確保する必要がある。戦国時代においては、敵と縁ある商人だからといって商品購入を拒絶していたら、領国経済も軍備もなりたたない。これは戦国時代特有の政策にも見える。だが叡山籠城戦の際、山門気風の土倉が尊氏の日常生活を支えたことを思い出そう。状況はそう変わらないのだ。市場の無縁性の背景には、このような、敵でもあり味方でもありうる商人の存在があった。都市の無縁性は、資源交換に携わる売買人の秘密の確保によって支えられる。今日の貿易の現場も厳しさと危うさは同じだろう。

7　無縁所とは何か

†無縁所とは何か

無縁所を考察する材料は出そろった。このあたりで小括をしておこう。

有縁《うえん》世界を特徴づける縁としては、地縁・血縁、主従関係、身分、法などがある。無縁とは、今までその人に結ばれていたあらゆる縁が切れた状態を意味する。縁の体系が、全体としてその人にとって有利に働かなくなったとき、縁切りが起こる可能性が高くなるのだ。もちろん有利な縁を切りたくはないだろうが、無縁所ではすべての縁が切れるのが原則だ。さらに無縁所は、縁を切った後に再生可能性がある、と期待される場でなければならない。フロンティアでも縁は切れる。だが再生までの間に大きなリスクがあると予想され、そこに踏み出すには都市に行く以上の勇気がいる。都市における再生可能性も、本当はその期待の大部分が幻想に過ぎないのだが、手っ取り早く利用可能な資源が、無限にあるように見えるのは事実である。以上のことは縁切り、及び駈込みと難民の定義に含まれる。

ここで最初の疑問に戻ろう。中世の無縁所は国内にあって、公家・武家領と接しあるいは入り交じる。無縁の人の活動舞台は日本全体社会であり、国家の内部、公家・武家領という有縁の場もその活動範囲である。有縁世界の中に無縁世界があるのだ。無縁の原理が奇異に感じられる最大の理由はここにある。公権力との摩擦なくして、いや摩擦をなるべく少なくしながら、無縁所は生き延びた。頼朝・尊氏も、無縁所を嫌悪しつつ結局は容認した。それはどうしてだろうか。

†無縁所の条件

無縁所が成立した条件としては、以下があるだろう。

①都市の未開地性　都市は「資源に満ちた未開地」と定義できる。都市にあると期待される資源としては、次のA〜Eが代表的である。目には見えるが獲得できるとは限らない。

A　知的資源　都市的スキルの存在とその獲得可能性。

B　物的資源　これについては言うまでもないが、雇用機会や食料などの獲得可能性が存在することが挙げられる。世界の飢饉はほとんど例外なく、食料が豊富なはずの農村部で起っており、第一次産業が少ない都市部における大量餓死はきわめて珍しい（藤田弘夫

『都市の論理』中公新書）。商品流通システムが成立した後には、都市のほうが、凶作に直撃された農業地域よりも、優先して食料供給を受けるのだ。だから第一次産業の製品を含め、都市にはありとあらゆる資源があるといえる。

C　関係的資源　新しい人脈ができる可能性。無縁世界の人脈は、有縁世界のそれと異なり、最初から与えられ押しつけられるものではなく、自分で選択と排除が可能なそれと期待される。

D　匿名性　緊密な縁を結ばない約束。互に必要最小限のプライバシーしか知らしめないし、他人のそれにも関心を持たない。都市的な匿名性なくしては、無縁所は決して居心地のよい場所ではない。様々な地域からの移民が集まる辺境も、匿名性についていえば都市と共通する。逆説的ではあるが、「都市は未開地の一類型」といえるのだ。都市という未開地、無縁の場における人々の寂寥は、多くの文学の題材となっている。

E　開放された地　流入者の立入と居住の自由。ただし受け入れられるのは個人と小家族であり、義詮軍のような有縁の原理で結合された集団は原則として受け入れない。

②国家権力にとっての未開地　都市・辺境の両方についてあてはまる。

A　諸役不入　商工業（当時のニュービジネス）を課税対象と見なさない認識の遅れ、税の治外法権、徴税根拠法の未整備などの要素。無縁所は税の未開領域であった。

B　検断不入　無縁所には外部の警察権が入らない。

C　民事不介入原則と自力救済世界　中世社会はあらゆる面において自力救済世界の色彩が濃厚で、検断権の「未開領域」が多い。「獄前」でもである。

こういう無縁世界は、別に中世に限って現れるものではない。全体社会が拡大している にも関わらず、国家の機能が従前の状態に止まりキャッチアップが遅れている時、そうい う状況ではいつでも発生しうる。ネット・コミュニケーションやネットビジネスの世界では、現在、課税や犯罪取締法令が未整備であるから、この状況にあるといえるだろう。

③パワーバランス

信長・梅雪が認めた市場の平和の背景にはこれがある。中世には一元的な統一権力はないからいつも「敵」がいた。〔本当はいつの時代でもいる〕だから熱田社のように完全に自立していない寺社でも、パワーバランスのおかげで、限定的な無縁性を持ちえたのだ。南都北嶺を「絶対無縁所」とするならば、熱田社は「相対無縁所」だ。

勢力基盤の強弱により、各寺社の無縁性には温度差がある。無縁所を支える力としては、経済力・軍事力・宗教的権威……がある。無縁所は移民が作った括弧つきの「国」なのだ。「力」は不可欠の要素であった。領域内で国家検断の代行を行うことにより、国家権力に一定程度譲歩していた。このことも、無縁所が存続した理由の一つである。

④無縁所観　一章の玄慧の項で述べたとおり、権力側にも無縁所を消極的に容認する観念があった〔いつでも不介入の分野はあるべきだ。権力が正しい場合は少ないのだから〕。

無縁所の特質

右の条件の下に生まれた無縁所は、左のような特徴を持つ。

①平等主義　ゼロからのスタートである。駆込んだ瞬間、旧身分は全部消滅する。

②自由の場　ゼロからのスタートである。すべての自由がある。だがいうまでもないが、自由に行動する際、他者との競争や闘争は避けられない。成功するための最も重要な要素は幸運である。その次に個人の実力が問題になる。無縁の場とは、聞こえよく言えば自由競争の世界であり、事実上ジャングルの掟の支配下にある恐しい場でもある。

この二つは無縁所のスタート地点である。だがその成立以後も、この原点が一貫して維持された。このことには非常に重要な意義があるのだ。

③平和領域　外の争いはなかったことにする。駈込みの原因は直前に起った何らかの外での争いにある。争いに巻き込まれたから駆込むのだ。自分探しのためではない。無縁所の人々は、誰であろうと駈込んだすべての人々を有縁世界から保護する。追及者が無縁所に侵入することを共同して許さない。高野山の入口に立てられた私検断禁止の立札は、この

基本原理を示す好例だ。

④民衆的性格　最も重要なのがこれである。出自身分を誇りたくても誇れない行人・聖、そして神人が無縁所の中核であった。平等主義は、言うまでもないことだが、低い身分の人々と親和性がある。無縁の身分を共有するがゆえの消極的平等である。これは第一段階のことであり、第二段階で相互の競争が始まる。下克上はさらに次の第三段階の話である。

以上が中世の、あるいは中世に限らない無縁所の特質である。ここで辺境の無縁性について一言しておく。縁切りを求める人々は、あるものは荒野をめざしあるものは都会をめざす。移住民は京都や南都などの都市に向っただけではない。古代には利用されることのなかった土地、標高九百メートルを超える土地にも向い、そこに都市を形成した。移民の開拓したフロンティアが都市に成長した典型としては、明治時代まで一粒の米も取れず、農業的基盤を全く欠いていた甲斐国の郡内地方にありながら、富士信仰の基地として繁栄した富士吉田がある。本来は比叡山・高野山山上も、最澄・空海《くうかい》の時代には、そこで一人になって修行するために赴く未開地であった。しかしこれらは中世では資源のある場所に変化する。「資源」とはもちろん狩猟の獲物などではない。大師信仰・富士信仰に群がる人々、及びその営みのすべてが、使う金を含めて、資源なのである。中世世界は古代世界よりも立体化し空間的にもずっと拡大した。そして無縁所が大きな存在に成長すると、国

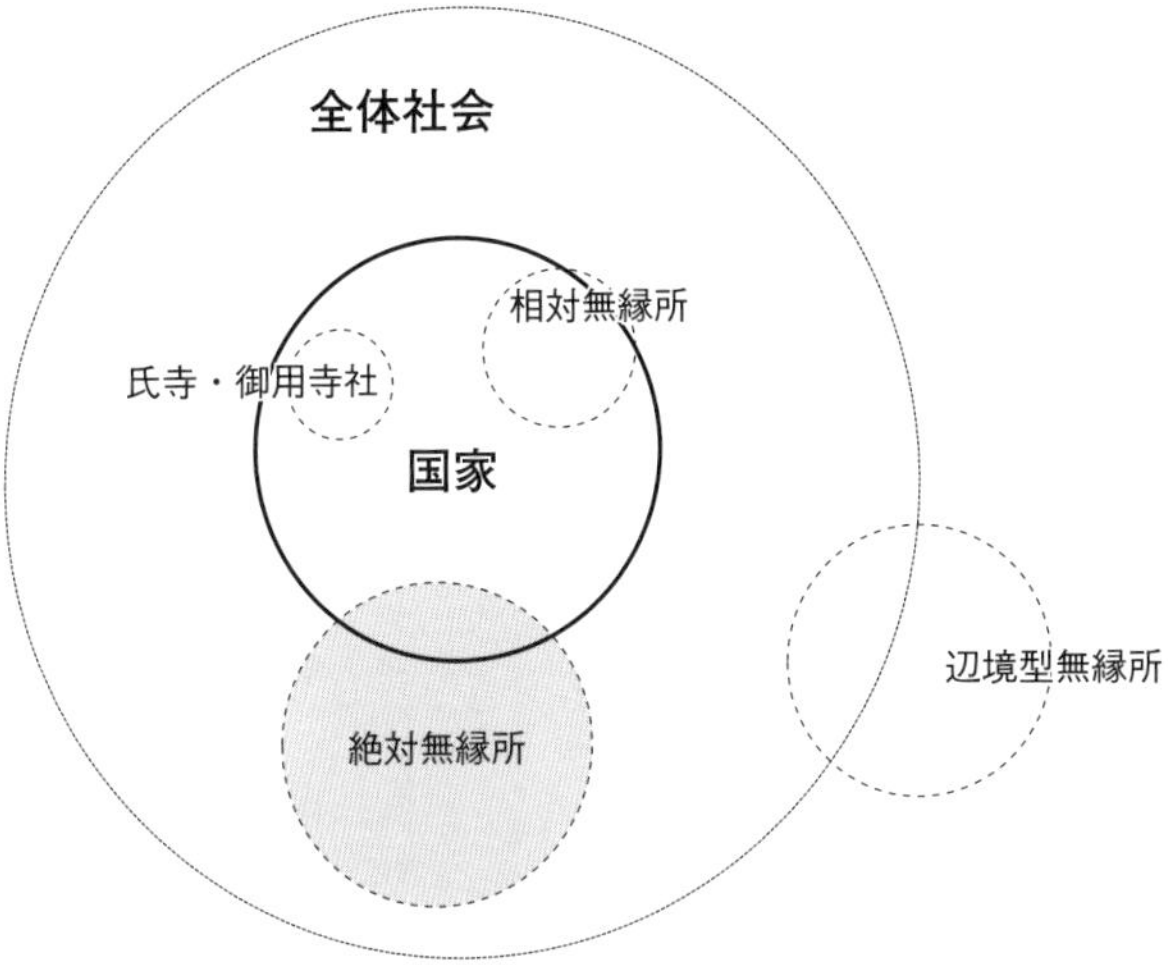

図4　無縁所の諸類型

家という有縁世界との関係が生ずる。それを避けることはできない。

†無縁所の四類型

無縁所は次の四つに分類される。

①絶対無縁所　境内都市は自立している。不入権は実力に支えられたものであり、世俗権力の承認・不承認の問題を超えている。一向一揆・法華一揆の寺内町や堺・博多などの自治都市も境内都市と同じである。これらは純粋型・理念型の無縁所である。

②相対無縁所　越前の含蔵寺《がんぞうじ》、若狭の万《まん》徳寺《とくじ》、京の阿弥陀寺《あみだじ》などの小寺院は、幕府・守護・戦国大名から一札を得ていた。たとえこれらの権力の敵、謀反人であっ

ても駆込人の身柄は、保護される、というものである。権力の承認の下にある無縁所だ。東寺や上下賀茂社などは、相対無縁所なのか御用寺社なのか、峻別しがたいボーダー上にある。純正御用寺社と断言できるのは、六勝寺《りくしょうじ》・五山《ござん》や武士の菩提寺など公家・武家の氏寺《うじでら》である。

③辺境型無縁所　誰の領地でもない山野河海また交通路は、無縁性と未開性に満ちている。

④無縁所内無縁所　荒川荘で述べた高野寺《たかのでら》がその例である。高野山と比叡山という二つの絶対無縁所の領域が重なっていた。

†どれが無縁所か——網野善彦の無縁所論

網野善彦の無縁・公界《くがい》・楽の説（『増補　無縁・公界・楽』平凡社ライブラリー）を検討してみる。網野の無縁所は、前項の①から③に相当する。④は特殊なのでこれへの言及はない。網野は御用寺社のことを「氏寺」と表現して、無縁所との差異を強調している。続いて、商人・職人、また聖・山伏・遊女などの無縁の人について述べ、さらに無縁所に都市的性格を見いだした。政治権力を除くすべての事象に網野の論述は及び、無縁所型施設への世界史的視野をもあわせ持ち、都市史研究をはじめ様々な分野に影響を与えた。政治権力と農村の歴史しか知らなかった当時の学界には大きな驚きであった。また江戸時代の

「管理社会」に対する「中世の自由」は、われわれの直感に強く訴えるものであった。

こういう雄大な構想は、もとより隅々まで実証できる性質のものではないのだが、それとは別に網野説には明らかな問題がある。網野は、前項①の絶対無縁所のうち、堺や一向一揆という世界的にも希な高度な自治を達成したとされる都市を取り出し、その自由と平和の観念を利用してイメージをふくらませておきながら、実証は、②の相対無縁所にとどまる。相対無縁所は自立する力を欠いており、不入の実効があるかどうか、はなはだ疑わしい。寺内町や自治都市と、戦国大名保護下の小寺院を同列に見ることはできない。相対無縁所から一気に絶対無縁所に飛ぶ網野説は、実は相当に飛躍した説なのだ。

筆者がより大きな違和感を覚えるのは次の点だ。網野は、主に政治的・法的な意味での、個人の駆込みを想定している。だがそれだけでは寺内町も自治都市もできない。小家族を含む生活者の駆込み、つまり移民と、彼らの連帯が存在しなければ、無縁所という社会的結合、勢力が発生する道理はないのだ。

網野は無縁所に含めていないが、武力や経済力に支えられた実効ある不入権を保持していた境内都市は、寺内町・自治都市と同質の絶対無縁所で、それより四百年早い先駆者である。数は寺内町の何倍も多い。網野は境内都市から多くの事例を引きながら、これを無縁所と呼ばない。筆者の意見との最大の相違はここだ。

網野が境内都市を無縁所と言わない理由はよくわかる。寺社勢力は長い間、領主・権力・支配者と見なされてきた。今日もなおそう考える人がいる。しかしこれは古代寺社の延長上に境内都市を考え、実権を学侶が持ち続けたとする誤認に基づく錯覚に過ぎない。中世では宗教と王権が分離していたことを思い出そう。王権と薄い縁を持つ学侶は、実権者ではなく、無縁の行人が実権者なのだ。

さて学界で中世の主役、中世の担い手といわれたもの、それは戦前は「武士」、戦後は「武士」から「民衆」に移っていく。ちなみに寺社勢力は、皇国史観からは「国賊」、マルクス主義歴史学からは「古代の遺物」「退廃的支配者」と決めつけられ、その時々に正統的とされた歴史叙述から切り捨てられてきた。一方、自治都市及び新仏教寺内町（法華一揆・一向一揆）は、戦国大名や旧仏教などの支配階級と戦う民衆と見られていた。

網野には、世俗的な寺社勢力・境内都市が、「無縁所」の雰囲気にそぐわないという感覚もあったであろう。しかしそれなら寺内町・自治都市も、国政を左右するだけの政治的実力を保持しており、あまり民衆的ではない。さらに本願寺《ほんがんじ》門主《もんしゅ》の独裁的権限や堺の富豪支配など、宗教都市も自治都市も、民衆とは似ても似つかぬ領主的側面が目立つ。

しかし筆者も偉そうなことは言えない。以前は、この自治都市・一向一揆を「領主」と決めつけ、金持が運営する「反自由自治都市」と言っていた。潔く間違いを認めて旧説を撤回せねばならない。自治都市・一向一揆も無縁所の仲間に入れて考えよう。みな絶対無縁所である。網野が強調した相対無縁所は脇役に過ぎない。無縁性を維持するためには、「無縁」という語の印象とは全く逆の、生々しい力が必要なのだ。

†民衆史

本書で取り上げた後醍醐や義経は、敗者ではあるが強者であり民衆ではない。他にも行く場所があり、一面からいえば、作戦として無縁所を利用した個人的な駈込人に過ぎない。一方、行人・神人は、寺社という無縁所に、生活苦から、やむをえず駈込んだ本当の難民だ。彼らは閉じこもっているだけでは餓死に直面する。だから無縁所内外で活動する。セカンドチャンスの場を求める……というかそうせざるをえないmigrantである。無縁所がこの上からと下からの駈込人を、積極的に受け入れたようには見えない。無縁所は塀を飛び越えてくる「窮鳥」を黙認したに過ぎない。無縁所という存在は、政治勢力として、歴史を劇的に推進させることもなければ、逆行させることもない。能動的役割を果たした場であるとはいえないのだ。一方、経済を大きく前進させたのは移民の生活の力であった。

主体の身分によらず、「縁切り」そのものはmigrationという「動き」であり、純粋には個人レベルの問題である。だが全体社会の拡大によって起る社会変動は、貴賤を問わず、あらゆるレベルでの縁切りをひき起こす。一つ一つの縁切りは別に連関していないが、それらを惹き起す原因は一つであることが多い。一方では、将門《まさかど》や頼朝が古代国家やその負の遺産と縁を切って戦った。後醍醐天皇すらも時代の変化により、縁切りと駆込みを余儀なくされた。後醍醐の挙兵は南朝方の人からさえも「主上御謀反」と言われた。天皇が謀反人と形容されたのだ。他方、流入民は無縁所に駆込み、また無縁の人として活動した。行人・聖(寺社勢力)の台頭は歴史の必然、その背景は鎌倉幕府が成立した原因と同じだ。ともに旧体制に対する反抗である点で共通する。国家システムの破綻が、強者・弱者双方から抵抗を生み出した。だが行く道は百八十度違った。武家政権という有縁への道、寺社勢力という無縁への道、ここが分かれ道であった。

ここで民衆史について語っておこう。本書は身分を問わない無縁論である。だがやはり無縁概念と親和的なのは、強者から敗者に転じた者よりは、生得の弱者であり生得の敗者である低い身分の者である。だから本書は民衆史に近いものだろう。

ラファイエットやレーニンは、貴族の身分と縁を切って、フランス革命・ロシア革命を成功させた。後醍醐天皇は、有縁世界の身分制を打ち壊して、楠正成《まさしげ》や諸寺の行人を登用した。次章で述べる老中本多《ほんだ》正信《まさのぶ》は、三河一向一揆の際に、無縁所側、一揆方に立って主君の家康と戦った。ラファイエットと正信は最終的には「裏切者」かもしれないが、彼らは民衆史にあって、どのように評価されるべきだろうか……

こと新しく言うまでもないが、流布している支配者の素顔というのは、ほぼ全部虚像だ。美化された物語をはずしてしまい、文書・日記という旬の素材により人物を復原すると、途端に顔が見えなくなる。信長・秀吉以前で、物語を排除した後にも人間性がある程度わかるのは、尊氏・直義兄弟の二人だけだ。有力政治家でない日蓮《にちれん》、また『徒然草《つれづれぐさ》』の著者吉田兼好《よしだけんこう》や『愚管抄《ぐかんしょう》』の著者慈円《じえん》などについては、具体的に思想と人物像を知ることができる。本書冒頭のサイトを検索してみよ。誰の美点も書いてない（当然ながら欠点も）。

一方民衆はそもそも虚像すら乏しいから、支配者と同じくらい顔が見えない。個々の人間性もわからない。今までの「民衆史」が説得力に乏しかったのは、前提となる「勤勉で粘り強い働く農民」といったステロタイプの表情が作り物に見えるからだ。大体これではまるで支配者が作った封建道徳の優等生像と同じものではないか、と思うのだが……違いは、単に支配者に抵抗するか、しないか、だけになってしまう。

支配者・民衆ともに顔は見えない。だからといって民衆を切り捨てて愚民と見下すのは、インテリの言葉しか理解できず、インテリ社会が全世界だと思い上がっているインテリの歴史像である。これが誤りであることは、古代専制国家にあってさえ戦争・内乱・災害などが起り民衆に不満が生じたら、君主に徳が欠けているからと考えられ、その地位が危うくなったことを見ればよくわかる。寺院史を考える際には、頭でっかちな学侶史など不要だ。いかに論を尽くしても参詣人は一人も来ない。墓所を建てようという人も現れない。仏教の智恵の結晶である仏教語が人々に伝わる機会もなかったはずだ。学侶センセイだけだったら、高野山はずっと九世紀の「忘れられた霊場」のままであり、中世の繁栄はなかっただろう。要するに教学論争は「票」にならないのだ。

一人一人の顔が見えないからと言って、選挙の時に（本音はともかく）……無縁の民衆など……という候補者がいたらその顔が見たいものだ。この連中もセンセイと呼ばれているがまだしも現実感覚があるだろう（あってほしい）。民衆史の視点としては、大人の政治家（多くいてほしいものだ）のスタンドポイントが不可欠なのだ。

四章

無縁 vs. 有縁

祇園社（『都名所図会』）
第1号の無縁所だった祇園社境内は、足利義満によって室町幕府の傘下に入ることになった。

桶狭間の合戦の後、織田信長《おだのぶなが》と同盟した松平元康《まつだいらもとやす》は、一五六三年、今川義元《いまがわよしもと》の子、氏真《うじざね》と絶交し名を家康《いえやす》と改めた。戦国大名としてのスタートを切り、三河の支配を開始しようとした。その時、一向一揆が立ちふさがった。家康家中が初めて一つになったと、大久保《おおくぼ》彦左衛門《ひこざえもん》の『三河物語《みかわものがたり》』に美化されて描かれ、江戸時代に語り継がれる伝説の戦いが始まった。

家康が本証寺《ほんしょうじ》・上宮寺《しょうぐうじ》という一向宗寺内町《いっこうしゅうじないまち》の不入権《ふにゅうけん》を侵犯したことが事件の発端である。両寺と並ぶ三河三ヶ寺の勝曼寺《しょうまん》寺内町は、二、三ヘクタール以上の広さを持っていた。三ケ寺は金融活動を盛んに行い、西三河の物資流通は本願寺《ほんがんじ》教団に掌握されていた。

直前まで家康が従っていた今川氏は、戦国法『今川仮名目録《いまがわかなもくろく》』で、史上初めて、すべての不入地を否定する政策を打ち出した。家康はこの政策を実行に移したのである。酒井雅楽助《うたのすけ》が狼籍者《ろうぜき》を逮捕するため寺内町に押入った（検断《けんだん》不入の侵犯）。この狼籍者は寺内町の住人ではない第三者であるが、そうであろうがなかろうが、追捕《ついぶ》の権限は寺にあり、寺に依頼して逮捕すべきであって、大名が勝手に検断吏を入れることはできない。また寺内町から兵糧米を徴発したこともあった（諸役不入の侵犯）。一揆の原因は、家康と寺院との直接の利害対立ではなく、不入権の侵犯問題であった。戦国大名権力と無縁の原理の衝突であった。

問題はこの合戦が外敵との戦いでなく、家中の武士同士の戦いであったところにある。家康家中には本願寺門徒が多く、彼らにとって寺内町の侵犯は他人事ではなかった。一族の松平家次《いえつぐ》をはじめ、吉良義昭《きらよしあき》・酒井忠尚《ただひさ》らが一揆側につき、「徳川十六将」に数えられる蜂屋貞次《はちやさだつぐ》・渡辺守綱《わたなべもりつな》、また後に老中格となり幕閣の中心人物となる本多正信《ほんだまさのぶ》さえも反旗を翻すありさまで、松平家中崩壊の危機であった。阿弥陀仏《あみだぶつ》をとるか家康をとるか、信仰を第一とするか主従関係を優先するかである。家康の最初にして最大の危機であった。

一揆は家康の本城岡崎城を二度にわたって攻めたが成功しなかった。家康も完勝はできず和議を結ぶことになった。和睦の絶対条件は一揆張本人の助命であった。家康は帰順した武士に寛大な処置をとり、多くは再び召し抱えられた。その一方家康は一向宗の禁教だけは徹底して行い、以後二十年間、三河では表向き一向宗の存立は許されなかった。

まだ兵農分離以前であるから、三河一向一揆の「武士」たちは、武士でもあり、農民でもあり、商人でもある。彼らは家康に百パーセント従いたくはなかった。どこかに自由を残しておきたかったのだ。これは近畿とその周辺地域の武士に共通した心理であった。主君に半分、無縁所に半分属していた。こういう「武士」をいかにして、「主君」さらに「お家という組織」に忠実な近世的武士に変えていくか、これが統一政権の課題になる。

中世の武士を、忠臣蔵に描かれた江戸時代の武士のステロタイプのような存在だと思ってはいけない。そういう美化されたイメージは思い込みだ。家康にとって、家中の団結ということがいかに困難かを思い知らされた一向一揆の経験は、大きなものだった。

1　有縁と無縁は双生児

†武士と寺僧は双生児

三章まで、武士と寺僧を、水と油、絶対に相容れない異種族のように述べてきた。また公家と寺社の関係についても同様に述べてきた。有縁と無縁の対立として。だがこう言っただけでは間違いになる。貴族の家、武士の家、僧の家（ただし学侶《がくりょ》レベル）が、交流もなく別個に存在したわけではないからだ。系図（九九頁）で見たように安居《あぐい》院家の娘は貴族の妻となっている。また公家・武家出身者の参入を寺社が拒絶することは全くない。

平安・鎌倉時代の貴族・武士の系図を見ると、多数の子弟が、身分制が厳しく出世の望みがなく生活すら成り立たない貴族・武家社会を離れ寺院に入っている。その家を継承する可能性の少ないものほどこの傾向は強かった。あるものは仏道に一生を捧げ、あるもののは世俗世界で叶わぬ出世を夢見て。寺院は下級貴族の登竜門、といわれるのはこのことだ。

一方、関東武士という存在も、フロンティアへ移住した移民の子孫だ。皇族や下級貴族の継承順位の低いものは、武士となって地方に根を下ろした。親王はよいがその子の王になるともう生活が成り立たない。源平両氏の祖、六孫王経基《ろくそんのうつねもと》・高望王《たかもちおう》がその典型である。武士も寺僧（学侶）もともに閉塞した貴族社会から切り捨てられた「次男坊・三男坊」であり、migrant である。辺境移民が関東武士、都市移民が学侶である。

鎌倉幕府創業の功臣で、近江の守護として叡山《えいざん》と激しく戦った佐々木《ささき》氏の系図（次頁）を見よう。意外なことに、佐々木氏からは多数の山僧・山徒《さんと》が出ていることがわかるだろう。

一二七七年の『建治《けんじ》三年日記』という書が金沢文庫に残っている。これは幕府のトップ官僚、三善康有《みよしやすあり》が書いた日記で、鎌倉幕府が残した唯一の一次史料である。『吾妻鏡《あづまかがみ》』よりずっと善本だ。この一年間だけだが、幕府の最高会議の様子が詳細にわかるのだ。

七月、叡山の門跡、妙法院《みょうほういん》・青蓮院《しょうれんいん》の間で紛争が起ったという朝廷からの緊急連絡が入った。この時青蓮院の使として幕府を訪れた信賀《しんが》という人物が問題になった。信賀は幕府評定衆《ひょうじょうしゅう》の佐々木氏信《うじのぶ》（佐々木京極《きょうごく》氏の祖）の子であるが、実は彼こそが紛争を引き起こした張本人であった。会議で問題にされたのは彼の生き方である。「御家人の子息でありながら、事件を起したうえ、なおかつ知らぬ顔で、青蓮院に属して妙法院を訴えるとは何

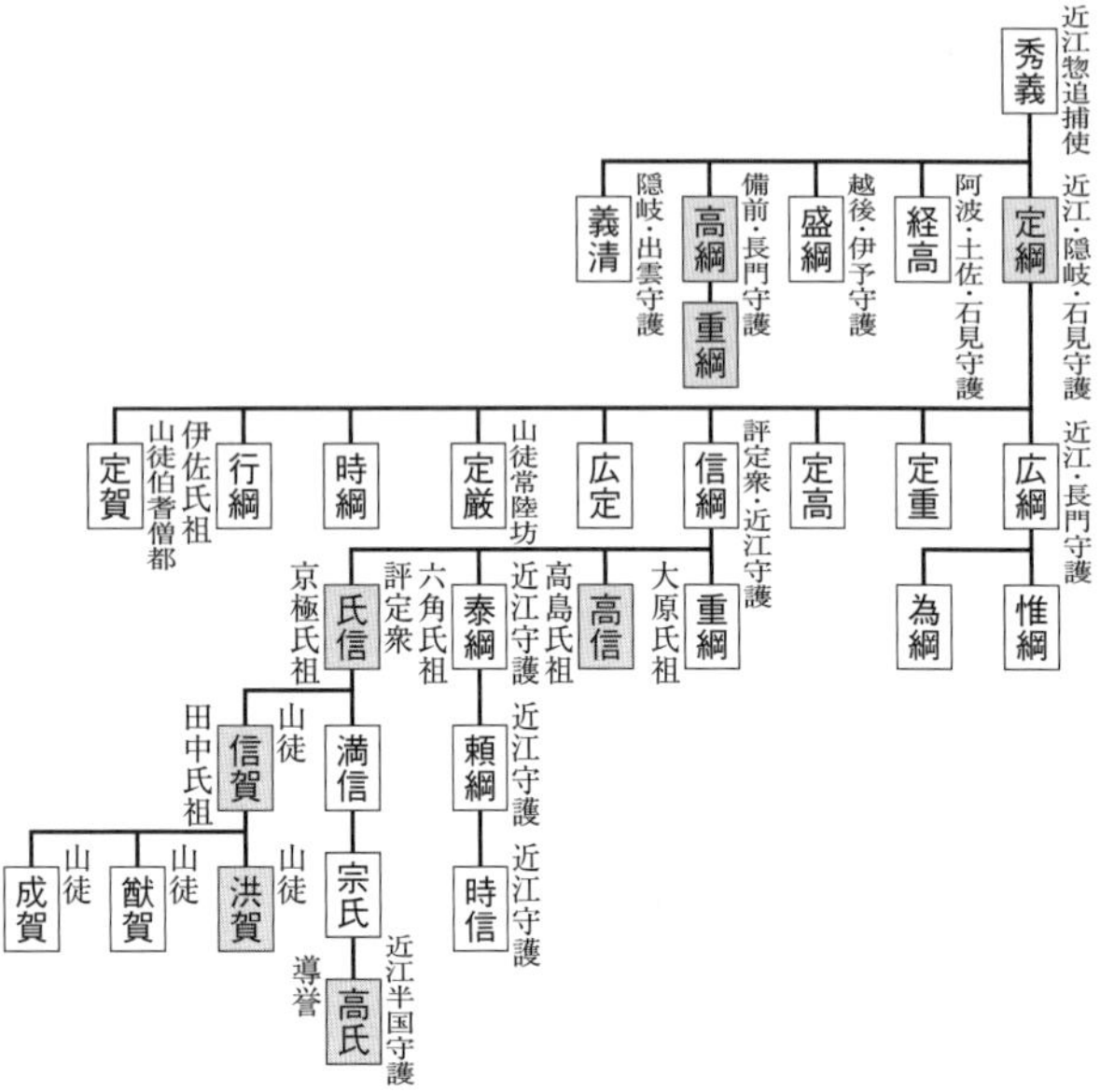

図5　佐々木系図

事か。父氏信に拘束させ尋問すべきだ」との意見すら出た。幕府は信賀を、幕府と青蓮院の二君に仕える裏切者と見なしたのだ。信賀は南北朝時代に活躍する佐々木田中氏の祖である。その子洪賀《こうが》も山僧で、二〇年後に叡山でまたも紛争をひき起こす。彼らは悪僧《あくそう》の典型だ。

座主《ざす》から遣わされた使者の教《きょう》因《いん》も問題のある人物で、やはり御家人であったが、一二六四年の内裏《だいり》・仙洞《せんとう》放火事件で殺された光源《こうげん》の共犯者として、同じく追討宣旨《せんじ》を下された。二人の違いは、光源は逃げて、捕えられる際に自殺し、教因は詫び状を提出して生き残ったというだけに過ぎない。そういえば、あの新日吉社《いまびえしゃ》での喧嘩の後も、出頭したものは殺されていない。幕府も本気で叡山を除こうとはしておらず、飴と鞭の政策をとっているだけだ。こういう両属する武士、追討までされる御家人の話は、読者にとって初耳ではなかろうか。

無縁所に入っても、縁を切るというのは簡単なことではない。一切の縁を切ることはできず、部分的に縁が残る。古い縁に利用価値がある場合、縁は復活する可能性が高いのだ。

南北朝時代の武士はどうだったか。一三五〇年、高野山《こうやさん》領紀伊国荒川荘で、沙弥良円《しゃみりょうえん》(沙弥は髪を剃っただけで、まだ受戒していない俗人)という人物が、高野山に敵対する兄弟の岩岡《いわおか》七郎のことについて、次の文書《もんじょ》を高野山に提出した。

岩岡七郎を義絶し、その味方をしない旨の起請文《きしょうもん》を先に出しました。高野山から「彼が荒川荘に入ろうとした場合、馳せ向って阻止せよ」とのご命令を受けました。だが彼は守護に奉公している人物、守護被官です。もし戦ったら、身の損亡になります。抵抗するわけにはいきません。どうしましょう。もっとも救援のため高野山の軍が派遣されたならば、喜んで従軍いたします。

兄弟の一方が守護被官となり、他方が高野山に従っていた。良円は守護と決定的に対立することは言を左右にして拒む。一方、高野山の軍事行動があれば、やむなく従軍すると述べる。この良円の態度はいかにも日和見的である。両属的武士の苦悩である。軍役の賦課にこだわって滅亡した鞆淵範景《ともぶちのりかげ》も似た悩みを抱えていた。

こういう存在は高野山・守護双方にとって、主従制の破れる虞《おそれ》がある危険なものである。だが本人の処世術としては無理からぬ。一方から要求された軍役などの役負担を、他方を理由に断る口実に使える。保護を受けたい心理と縛られたくない心理、両方あるのだ。

†自由出家・自由寄進

仏教への帰依により土地を寄進することや出家することは、尊い行為と見られていた。だが一二五一年、尊氏《たかうじ》五代の祖、足利泰氏《あしかがやすうじ》が出家した時、幕府はそれをとがめて所領を没収した。「自由出家《じゆうしゆつけ》」、幕府の許可を得ない勝手な出家は法で禁じられており、足利氏といえども逃れることはできなかった。なぜこういう法があったのか、またなぜ没収刑なのか、もうおわかりであろう。武士がその所領を保持したまま出家すると、その所領は寺のものになってしまう可能性大なのだ。武家領が減れば軍役など土地面積に応じてかかる御家人役が減少し、幕府の存立基盤が危うくなるのである。また武士が寺社に土地を寄進することは原則として禁止されていた。仏陀法《ぶつだほう》があるから、寄進した土地は武家領には戻ってこない理屈である。有縁世界のものが、永遠に無縁世界に流出することになる。

話はそれるが主君の死に際して、後を慕って出家する武士は多い。ところがこういう出家は、後継者に対する消極的な不服従宣言ととられる危険があった。頼朝の死後、結城朝光《ゆうきともみつ》は、供養のために、武士たちに一万回、阿弥陀の名号を唱えるよう勧め、皆の前で「忠臣二君に仕えずという諺《ことわざ》がある。頼朝《よりとも》公が亡くなった時に、遺言で止められていたとはいえ、私は出家遁世しなかった。今はそれを後悔している」と述懐した。これを梶原景時《かじわらかげとき》がとがめ、朝光が新将軍頼家《よりいえ》に謀叛を企てているという噂を流した(『吾妻鏡』)。これはいいがかりだが、当時の主従関係の不安定さを反映している。事実、出家の身となれば、少なくとも新政権の役職は勤められない。不服従でなくとも、不参加であることは確かだ。

ひとことで主従制といっても、①「主人個人」に仕える主従制、②「主人のお家という非人格的組織」に仕える主従制、の二つの観念が混在しており、原則は①だった。ヤクザの親分子分の主従関係、その建前を見ればわかるが、人格的結合関係というものは、元来、①の人と人との一対一の関係以外はありえないのだ。

戦国時代以前の武士には、第一に、無縁所に属するか家中(家臣団)の立場を取るかの選択がある。後者を取る場合、第二に、主君個人に属するのか(中世的)、お家に属するのか（近世的）、という動揺がある。主従制は全く未成熟なものだった。

親や一族の仇討《かたきうち》は中世にもあるが、主君の仇を討とうとした例は、藤原泰衡《やすひら》の遺臣、大河兼任《おおかわかねとう》があるぐらいである。秀吉は信長の仇を討ったふりをしたが、織田家の覇権を回復するどころか、それを簒奪した。秀吉の時代でも、お家観念の実質は確立していないのだ。

†地頭代官は山僧・金貸

山僧寄沙汰《よせざた》は禁じられたが、彼らの裁判知識・情報量、その威圧感は、御家人にとって頼り甲斐のあるものだった。特に幕府法廷で敗訴した事件を朝廷の法廷に知らん顔で出訴した場合など、御家人であることがわかると都合が悪いときは、出訴名義人の面《おもて》を山僧に替えるのは当然だ。奇妙に感じられるかもしれないが、公家・武家ほか各種の裁判権力が併存しており、なおかつ取り扱う訴訟の裁判管轄が不明確だった中世前期には、こういう一《いち》か八《ばち》かの二重裁判が多かったのだ。また幕府は、地頭代官として山僧や興福寺《こうふくじ》僧、さらに商人や金貸を任命することも禁止したが、これも後を絶たなかった。武士の代官が山僧、武家領の管財人が金貸（土倉《どそう》）というのは、イメージが狂うかもしれない。だが彼らの経営スキル・経済知識・金融知識・資金力は、武士にとってやはり捨てがたい。境内都市《けいだいとし》の知識人に武士が依存せざるをえない。そういう時代だったのだ。

2　寺社勢力への対策

†御用寺社だと思ってたのに

院政時代は信仰が狂想曲にまで高まった時代で、鳥羽《とば》・後白河《ごしらかわ》・後鳥羽院《ごとばいん》の三代九十年間は、多額の経費を要する院の寺社参詣が繰り返された。熊野詣《くまのもうで》は約九十回も行われ、独裁者の院が毎年二週間も京を留守にし、平気で政治空白を作った。承久《じょうきゅう》の乱のわずか三ケ月前にも、後鳥羽院は熊野詣に行っている。

寺社に対する荘園寄進は実に気前のよいもので、そのため勢力の拡大に歯止めがかからない。嗷訴《ごうそ》が年中行事のように繰り返された背景には、宗教に対する異常とも言える帰依と大甘の姿勢があった。寺社側の心理操作が巧妙で、院・貴族より一枚上手だったわけだ。

意のままにならぬ寺社勢力とは別に、従順な御用寺社が新しく建立された。六勝寺《りくしょうじ》、また法住寺殿《ほうじゅうじ》の中核の三十三間堂《さんじゅうさんげんどう》などには大量の荘園が寄進された。院は最大の荘園領主であったが、荘園の所有権名義はみなこれら御用寺社にあった。これらの寺に実権はないから安心だ。新日吉社《いまびえ》・新熊野社《いまくまの》なども設立された。これらは信仰のシンボルを持ちえず、創立者以外の人々を惹きつける魅力に欠けていたため、建立主体の没落とともに消えてなくなった。なお仁和寺《にんなじ》・東寺《とうじ》は御用寺社に近い状態であり続けた。幕府の要請により、東寺境内には洛中警備の篝屋《かがりや》が設置されていたほどである。〔ここは京とはいえないが〕

院は、南都《なんと》北嶺《ほくれい》も御用寺社であると思いたがっていた。貴族・武士出身の学侶は基本的には政権側であり、安居院家のように宮廷で一定の地位を得たものがいる。玄慧《げんえ》も室町幕府の内部で栄達した。学侶は宮廷・幕府で復活する可能性のある潜在的御用僧であった。

もし境内都市に行人《ぎょうにん》・聖《ひじり》・神人《じにん》がおらず学侶だけだったら、これらは多少粗暴なだけで、御用寺社の枠をはみ出さなかっただろう。政権に憎悪されたのは行人以下だ。堂衆《どうしゅ》合戦に際し、学侶方の援軍として官軍が投入されたのはそのためだ。中世寺社勢力の独立性は、行人・聖の存在に支えられたものである。彼らがいなかったら、境内都市は無縁所にはならなかっただろう。大きくいえば行人・聖の歴史は民衆史であり、学侶史は支配者の歴史である。なお古代寺院は完全な御用寺院であり、近世寺院もまた御用寺院にもどる。

†中国渡来の御用寺院

源《みなもとの》為義《ためよし》・平忠盛《たいらのただもり》らが嗷訴《ごうそ》対策のために起用されたことが、武士の台頭の契機だったことはよく知られている。内裏が占拠されるような事態を放置することはできない。

その後鎌倉幕府はより強力な新タイプの御用寺院の創設を試みた。禅僧と律僧《りっそう》の起用である。両者とも鎌倉時代に中国から新たに渡来した宗派で、塔頭（タッチュウ）・典座（テンゾ）・法堂（ハットウ）などの中国語を、そのまま使うエキゾティックな存在である。南都焼討後、東大寺《とうだいじ》は幕府の協力で禅宗様で再建され、宋人陳和卿《ちんなけい》が活躍した。蒙古《もうこ》襲来というと日蓮《にちれん》が有名だが、彼は当時無名に近かった。律宗の西大寺《さいだいじ》叡尊《えいそん》は幕府・朝廷の篤い帰依を受け、大僧正という僧侶として最高の地位を極め、興正菩薩《こうしょうぼさつ》とも呼ばれた。「神風」は神々に命じて叡尊が吹かせたものだと、当時朝幕に信じられた。叡尊こそ戦功第一なのだ。宗教政界で最高権力を握った叡尊は、古代の道鏡《どうきょう》、近世の天海《てんかい》と並ぶ三大政僧だ。

境内都市の中にも、比叡山《ひえいざん》の速成就院白毫寺《そくじょうじゅいんびゃくごうじ》、高野山の金剛三昧院《こんごうざんまいいん》（政子の発願）、粉河《こかわ》寺《でら》の誓度院《せいどいん》など禅律の子院が、朝幕により建立された。寺社勢力への牽制球である。

建長寺《けんちょうじ》以下の五山《ござん》、律宗の極楽寺《ごくらくじ》・覚園寺《かくおんじ》なども、境内・門前に酒屋以下の商人・職人を抱え、御用寺院もまた都市を形成していた。いうまでもなく、幕府に抵抗したことなどない。頼家の発願で、河東祇園社境内に建てられた建仁寺は、五条坊門末以南を占拠し、京の土倉の一部と建築職人七、八十人を抱え、祇園社と鴨河原の利用権をめぐって争った。

実は平泉・鎌倉・博多の大部分は、御用寺社の境内地で占められている。景観上だけから見れば、これらは宗教都市ということになる。ただそう考える人は誰もいないだろう。

しかし六勝寺と同様、国家のパラサイトである禅律寺院はとうとう信仰センターとなることができなかった。参詣者が殺到する祇園社・北野《きたの》天神《てんじん》・大仏・高野山奥之院のような熱狂的信仰を集めることはなかった。国家による宗教の独占はできなかった。南北朝以後はやや事情が違う。鎌倉新仏教、日蓮宗・浄土宗・浄土真宗は、法然《ほうねん》墓所・親鸞《しんらん》廟・日蓮生誕地などの聖地を創造することができ、その参詣人吸引力により大きく発展した。

†毒を以て毒を制す

幕府は寺社間の紛争に際し、叡山と園城寺《おんじょうじ》または石清水八幡宮寺《いわしみずはちまんぐうじ》が争った場合は後者を、興福寺と石清水八幡宮寺または東大寺が争った場合は必ず後者を贔負《ひいき》した。

南都焼討の後、頼朝は東大寺の復興を支援した。南大門や運慶らの仏像の傑作は、この時の遺産である。一方、東大寺の仇敵、興福寺の復興に、幕府はほとんど協力していない。代々の鶴《つるが》ケ岡《おか》八幡宮寺別当《べっとう》には園城寺僧が任命された。さらに北条《ほうじょう》氏からはなんと十六人もが園城寺に入り、そのうち顕弁《けんべん》・房朝《ぼうちょう》は、園城寺長官の長吏《ちょうり》の地位についた。園城寺は比叡山（と東大寺）が独占する戒壇《かいだん》とは別に、独自の園城寺戒壇を設立しようと計画し、幕府も軍を派遣してその実現を援助した。絶対反対の立場を取る叡山との間で血の雨が降ることになる（結局失敗）。戒壇で授戒を行うたびに多額の収入（戒料）が得られる。この戒壇利権が問題の根底にある。しかしこれらの寺社は御用寺社とはほど遠い。南都北嶺と似たり寄ったりの絶対無縁所である。多数の園城寺僧がはるばる鎌倉にまで来て幕府に抗議の嗷訴をしたことさえある。幕府の政策はいわば、毒を以て毒を制す、である。

†鎌倉幕府・南都北嶺交渉史断章

承久の乱直後の幕府と寺社勢力との関係は、幕府が大内惟信《おおうちこれのぶ》・尊長《そんちょう》の追捕を正式に委任するなど、頼朝時代と特に変化はなかった。だが承久の乱の戦後処理が終わり、一二三二年に御成敗式目《ごせいばいしきもく》を制定した幕府は、本格的に南都北嶺対策に乗り出した。

一二三六年、石清水八幡宮寺と興福寺の間で、大和・山城国境の荘園の奪い合いが起った。喧嘩は激しくなる一方で、もてあました朝廷は幕府に救援を求めた。幕府は幾内近国の御家人を集め、南都への道路を封鎖し交通を止め、武力を示して興福寺に圧力をかけ、それまで全国で唯一、守護・地頭を置いていなかった大和に、守護を設置し興福寺領荘園に地頭を置く構えを見せて威嚇した。

同年比叡山でも事件が起った。前年の佐々木高信《たかのぶ》と日吉神人との喧嘩をきっかけに神輿《しんよ》動座《どうざ》が起った。この時高信は、内裏守護役の御家人として、嗷訴を防ぎ神輿を担いだ張本人を捕えた。このため叡山は高信の流刑を要求し、彼は豊後に流された。高信はそもそもの原因者であるから、彼が出てきたため事態が余計に紛糾したのは確かである。だが神輿を止める任務は内裏警備の中核である。高信からすれば、仕事を忠実に勤めたために流罪というのでは叶わない。内裏警固は幕府の暴力が正当化される唯一の根拠である。だから北条泰時《やすとき》はこの処分に異議を唱えた。今後武士が職責を果たせなくなってしまうではないか、と。

この直後、嗷訴の張本人利玄《りげん》を追及するため、幕府の使者、河原景直《かわはらかげなお》・浅間《あさま》親澄《ちかずみ》が日吉社神官の成茂《なりもち》の宅を尋問に訪れた。その時山上・坂本の下級法師たちが、「坂本はこれ追捕停止の地なり。武家の使者が濫入した先例はない」と猛反発し、彼らの武器を奪取し部下に傷を負わせた。検断不入は形式的な空念仏ではなく、実力による激しい抵抗を受けた。

二年後の一二三八年、将軍頼経《よりつね》が泰時以下二百人にものぼる関東御家人を率いて上洛した。頼朝以後、初めての将軍の上洛であり、京の人々は熱狂をもって彼を迎えた。頼経は彼らの期待にこたえて、洛中の辻々に、闇夜を赤々と照らす篝屋を設置し、院政時代以来の懸案だった治安回復を試みた。実際は群盗の中には貴族が多数含まれているのだが、京の治安が悪いのは叡山のためだという噂は絶えずあった。だからこれは山門対策という意味を持っていた。

3　室町幕府の京都市政権奪取

†祇園社に侍所の高札が立つ

北条氏は叡山対策のキーが祇園社にあることを認識し始めた。祇園会を無視した『吾妻鏡』の記事が終わった直後の一二七七年に書かれた『建治三年日記』は、年末に北条時村《ときむら》が六波羅探題として赴任した記事をもって終わる。祇園社領は六波羅の隣接地であるから、人々の行き来や経済的・文化的交流は、政治的対立とは別に盛んであった。翌年正月一六日、祇園社執行《しゆぎよう》感晴《かんせい》が、着任早々、新年早々、時村邸に参賀した。正月の参賀は、既に結ばれている主従関係を再確認する儀礼と見なされる。北条氏は祇園社のトップではなく、身分は低いものの現場責任者である執行家を懐柔する方針に転じていたのだ。

北条氏に替わった足利氏は源氏で、本来の信仰は石清水八幡宮寺と園城寺であり、祇園社とは本来縁がない。だが尊氏は六波羅陥落直後の一三三三年、早くも執行顕詮を「御《お》師《し》」、信仰上の師匠と仰ぎ、関東出陣中でさえ、遠方から戦勝祈願の祈禱を依頼した。鎌倉幕府が顧みなかった祇園会を、わざわざ桟敷を造営し、大勢の大名を従えて見物した。

幕府は祇園社に対する揺さぶりを続けた。一三五二年、十一箇所以上あった祇園社境内の土倉リストの提出を命じた。山門気風《さんもんきっぷ》の土倉（祇園社付属の土倉はその一部）への課税を視野に入れた調査である。また戦乱の最中という理由により、祇園社に命じて社領の警備、夜行（よまわり）をさせようとし、河東の治安維持の指揮者として振舞おうとした。これらの試みが成功したとはいえないが、顕詮とその子の顕深《けんしん》は幕府との関係を深める。

南北朝内乱が収束に向い、室町幕府は地方政権だった鎌倉幕府を超えて、全国政権へと飛躍しようとしていた。一三六九年、侍所《さむらいどころ》が京都都市民の服装規定を定めた。何でもないことのようだが、服装は身分制度の象徴である。いつの時代も、低い身分の者が上級身分の人と同じ服を着ることは厳禁される。武装禁止も服装規制の一部である。武装した神人・行人は、貴族・武士の武器所持の特権を侵していることになるのだ。身分を決定できるのは最高権力者だけだ。これ以前は服装の規制は朝廷の専権事項であった。

また寺社間の紛争は原則として「聖断」、天皇の意志による決定であったが、これも幕府の専断となる。一三七八年に、義満《よしみつ》は室町幕府の代名詞である花の御所に移転し、幕府の基礎を固める。全国政権をめざす幕府の最初の課題は、足下の洛中洛外の検断権と裁判権の完全掌握である。それを阻むものはまずは北朝である。具体的には院政時代以後、警察権者だけでなく、朝廷の京都市政の執行機関となっていた検非違使《けびいし》だった。そしてそれ以上に大きな壁が叡山であった。

洛中の土地裁判は、一三四五年時点では、千葉《ちば》・小早川《こばやかわ》という武士同士の土地争い（四条堀川と四条油小路の土地）でさえ、幕府でなく検非違使の判断に委ねられていた。だが一三八四年以後は、武士はもちろん、皇族だろうと公家同士であろうと、土地裁判は侍所が専《もっぱ》ら管轄した。

一三七〇年に、比叡山の債権取立て人が、取立てのため貴族の住宅などに乱入することを禁止した。史上初めて、私的な債権取立てに対する不介入原則を破った画期的な新法であった。繰り返しになるが、これは私的だが債権者の検断権と認定されたものである。初めてネコの喧嘩に、政府が「関知した」のだ。京都においては、幕府を除き、誰でもいかなる場合でも、検断権を行使してはならないと宣言した、ということである。山門及び諸社神人の暴力的な借金催促の禁止は、一三八六年にもダメ押しの形で法制化された。

一三八四年、義満は執行顕深を河東祇園社領の「下地《したじ》奉行《ぶぎょう》」に任命し、天台《てんだい》座主もこれに承認を与えた。祇園社長官の別当を飛び越えて、たかが執行ごときに、祇園社領の管理権を与えたのだ。顕深は顕詮の子である。同年に東寺領などいくつかの場所でも、幕府は土地所有権の裁定を初めて行った。京都市政権の掌握は、単なる寺社対策に止まらず、武家政権の完成をめざすものであった。

かくして、一三八五年七月一三日、無縁所の祇園社に、幕府侍所が一一ヶ条の禁制立札を立てた。禁制札をもらう者は、禁制を出した者の保護下に入ることを意味する。祇園社は御用寺社といわないまでも、相対無縁所に転落したのだ。うち三ケ条を挙げると、①社領の竹木伐採、②境内での牛馬の放置、③社領内の住宅に無断で旅人を泊めること、の禁止である。①は幕府御用の矢を作る材料の竹を確保するための規定、②は流入民、車宿《くるまやどり》の禁制である。③は無縁の人の立ち入り禁止である。立札が立つこと自体が不入権の破壊であるが、内容も無縁所の否定を宣告するものであった。

以後、侍所新任の際には、必ず同文の札が立てられる慣例となった。室町幕府の京都支配達成のシンボルである。洛中だけだった幕府の権限が洛中洛外に拡大された。同時期に北野社も幕府傘下に入った。また四条道場金蓮寺《こんれんじ》も、幕府と佐々木導誉《どうよ》の圧力で、延暦寺《えんりやくじ》の末寺を離れて独立した。ようやく上下の信仰を集めた祇園・北野社の神威を幕府が傘下に納めることに成功したのだ。「叡山門前としての京」は大きく後退した……かに見えた。

†京都経済支配者の交替?

室町幕府は一三八五年に京都市政権を把握した。次の課題は経済の掌握である。

一三九三年には、諸寺諸社の神人が持っていた免税特権をことごとく否定した。後醍醐《ごだいご》天皇の神人公事《くじ》停止令の理念が、七十年後に達成されたのである。ついに無縁の人が課税対象となったのだ。室町幕府は洛中洛外の土倉・酒屋への課税を開始し、これが室町幕府の主な収入源となる。土倉役・酒屋役は年間六千貫、祇園会二十回分に相当する金額だ。

一四世紀末には、祇園社の堀川材木商人が持つ材木保管地、木屋の所在地リストが幕府に提出された。課税を前提とした調査である。

南禅寺《なんぜんじ》は白河にあった叡山末寺浄土寺の故地、粟田口の東海道沿道に建てられた禅寺であり、花の御所の隣にある足利氏菩提寺の相国寺《しょうこくじ》よりも格上とされた寺である。一三六八年には、犬猿の仲の叡山・園城寺が一致して、一旦建てられた南禅寺の楼門を、寺格にふさわしくないと文句を付け、破壊することを強硬に要求し、ついに取り壊させたいきさつがある。その後再建されたこの楼門「南禅寺山門」は重要文化財である。上に登れば京都市街が一望できる。この時は日吉神輿が実に六年間もの長期にわたり在京する異常事態となった。こんなにもめた原因は何なのだろう。

南禅寺が東海道の関所で、楼門建設の費用に充てるため、園城寺の人間から通行料を取ろうとしたことが原因であった。莫大な東海道関利権の侵犯は、叡山にとっても他人事ではない。また室町時代になると、南禅寺が日吉神人の油屋の統轄者の地位を奪って、幕府御用の油屋として吸収し、下京ほか洛中四十軒以上の油屋を管理統制するようになった（このことが確認されるのは一四六七年）。楼門事件は宗教対立といわれるが、その真因は経済権益の問題であり、それがメンツの問題に転じて爆発したのだ。よくあることだ。

さて酒造原料である麴《こうじ》の製造・販売の問題で事件が起る。一四一九年、幕府は京都のすべての酒屋の麴の自家製造を禁じ北野社の麴座から麴を購入することを義務づけた。山門気風の酒屋は猛反発し延暦寺に訴えた。北野社は形式上依然として叡山の末社である。山門は本寺の威によって独占を止めるよう命じた。だが北野社はもはや従順な末社ではなく幕府傘下の神社であるからこれを拒絶した。幕府は兵を動員して各酒屋が持っていた麴工房を打ち壊した。

だが幕府の黄金時代は、皇位の簒奪さえ試みた義満の時代から、一四四一年の嘉吉《かきつ》の乱までの約六十年であっけなく終わった。一四四四年、延暦寺は再び嗷訴し、衰退に転じた幕府はこれにあっさり屈して北野麴座の独占権を廃止した。一連の事件は麴騒動と呼ばれる。応仁の乱以後、幕府の支配力はさらに低下し、京都における有力寺社の影響力が復活する。幕府の全盛期は非常に短く、叡山と酒屋・土倉の相互依存は深かった。

†叡山の幕府ジャック

祇園社の立札一件の後、叡山が衰退したかというと、確かに嗷訴などの政治的活動は影をひそめたが、内実は正反対だった。一三七九年頃から、幕府は大名山徒を取立てて、山《さん》門使《もんし》節《せつ》という職に任命した。山門使節は山門領において、諸国の守護に相当する権限を与えられた。また彼らは山門関係所領の裁判の際、幕府の訴訟窓口の役割を果たした。山門使節家は世襲の僧の家である。行住坊《ぎょうじゅうぼう》・禅住坊《ぜんじゅうぼう》・定光坊《じょうこうぼう》・金輪院《こんりんいん》などである。義満が一三九四年に、貴族・諸大名を引き連れて日吉社に参詣した時には、山徒から盛大な歓迎を受けた。東坂本は黄金の町として富み栄えていた。大名山徒の子供は、将軍や守護の子息のように、岩松殿《いわまつどの》（上林坊《じょうりんぼう》の子）・鶴光殿《つるみつどの》（辻本坊《つじもとぼう》）・徳寿殿《とくじゅどの》（座《ざ》禅院《ぜんいん》）などという敬称で呼ばれる御曹司であった。高野山にも、一四四九年に、三宝院《さんぼういん》・常光院《じょうこういん》などの「高野山御使節」がいたことが知られる。使節制度は多くの有力寺社に設けられたようだ。

幕府財産の管理・出納は、公方《くぼう》御《お》倉《くら》という機関が行い、その下部機関で京都の土倉から選ばれた納銭方《のうせんかた》が実務を行った。幕府の土倉・酒屋課税が実現したことは間違いないが、税を納める土倉の中から徴収担当者が選ばれたわけである。彼らは徴収した幕府の税を自分の土蔵に保管した。幕府から公共事業への支出命令を受けて、保管している銭のうちから国家予算の執行を行った。その時に銭を運搬する手間はいらないわけだ。銀行業者が国税庁や財務省を乗っ取ったようなものだ。公方御倉は金融業者であるから、幕府が財政難の際には幕府に貸し付けを行って貸しを作った。朝鮮国の使節尹仁甫《いんじんほ》は「日本には国庫というものがない。大金持が財政を支えている」と記す。鎌倉幕府財政の実態は皆目不明であるが、室町幕府財政はこの程度にはわかっている。武士の中には、国家財政の実務を行う能力のある人材がいなかったのだ。土倉には適材が無数にいた。当たり前か。

一二六四年に同じ放火罪に問われた光源と教因の違いを思い出そう。また新日吉社の喧嘩の始末は、結果的には大名山徒の懐柔に終わった。山門使節は山門領の守護だという。だが他の守護大名が幕府財政に参与したことなどないから、山門使節はそれ以上の存在である。叡山はしたたかに幕府に参入したどころか財政をジャックしたのだ。

二章で述べた細川高国《ほそかわたかくに》の撰銭令《えりぜにれい》を思い出そう。戦国時代の室町幕府は、十代将軍足利義《よし》材《き》が細川政元《まさもと》に追放され、その政元は暗殺された。管領《かんれい》細川高国も滅亡した。その後も主権者は木沢長政《きざわながまさ》・三好長慶《みよしながよし》など、ころころと替わる。安定していたのは経済を掌握する土倉・酒屋・米屋などだけだ。土一揆が標的としたのは幕府ではなく、いつも彼らであった。幕府の実質的主権者が誰かは明らかだ。

一四四六年に、幕府の指示を受けた祇園執行顕宥《けんゆう》の命により、祇園社の男神子《おとこみこ》が六条河原で罪人の首を切った。六条河原は祇園社領ではない。旧六波羅の前にある河原で、鎌倉時代以来武家の処刑場となっていた。彼は祇園社神官と幕府の刑吏を兼業していたのだ。

幕府の末端役人である政所公人の中には、祇園社の神人が横滑りしたものが多い。

　結局室町幕府が得たものは、洛中洛外の検断権だけであり、それも次項で述べるように無条件のものではない。室町幕府は寺社付属の座や、座から寺社への運上金そのものを否定したわけではない。座を温存しながらその特権を保護する立場に立ち、座から税金を取り、それを財政収入として、利益を境内都市と分け合ったのだ。だが室町幕府は政権としては、経済・財政政策がないに等しい鎌倉幕府と比較すれば、非常な進化を遂げている。

このことを忘れてはならない。信長の楽市楽座令は、寺社の座を否定するのみならず、幕府や守護の権利だった座の保障権をも否定する政策であった。

4　境内都市から自治都市へ

†姿を現した実権者——商工民の自治組織

　祇園社は叡山を離れたが、祇園会が鎌倉における鶴ケ岡八幡宮の流鏑馬《やぶさめ》のような幕府べったりの祭になったかといえば、そうでないことは皆さんがよくご存じだろう。祇園会は町衆《まちしゅう》の祭になったのだ。町衆は潤屋《じゅんおく》の賤民、有徳人《うとくにん》の末裔である。

室町幕府は商人課税を進め、商業座の保障権を握った。商人・職人は、半分は境内都市、半分は幕府に属する両属的存在に変化した。このことはやはり境内都市の勢力後退といわざるをえない。ただし、寺社勢力と神人（商工民）の分断に一応成功した幕府であるが、これが権力の強化に直結したとはいえない。境内都市の実権者はもともと、行人・神人、つまり商工民であった。この構造が特に変ったわけではない。寺社の私検断を制限することができたと言っても、商工業秩序と商工民を幕府ががっちり把握したわけではない。

十五世紀、下京・上京には「町組《まちぐみ》」という呼ばれる自治組織が発生し、京は自治都市へと変貌してゆく。祇園会の山鉾《やまぼこ》を出す富裕民、「町衆《まちしゅう》」が、六角堂《ろっかくどう》・革堂《こうどう》・因幡堂《いなばどう》などの町堂《ちょうどう》で寄合を持ち市政をつかさどった。京都は幕府の城下町になったわけではない。町組は民衆抵抗組織といわれるが、正反対の側面も持っている。町組は夜行《よまわり》を行う自警団組織でもある。最初に自警団が史料に現れるのは一四三〇年である。北野社境内で、土倉・酒屋ほかの住人が、「夜行太郎《よまわりたろう》」を決めて交替で夜警を行った。町衆は、かつて鎌倉幕府の役割でありその正当性を支えた京都の治安維持を受け持ち、室町幕府からそれを請負う検断代行組織になったわけである。自治組織には違いないが、独立の民主政権ということはできず、室町幕府の下部組織と位置づけることもできる。とはいえ、こういう自警団は、住民意識（地縁という有縁の関係）がない限り、いくら幕府が言っても自然発生するものではないだろう。かつての土倉軍は群盗に対して個別に対抗しただけだ。

南北朝時代に祇園社の呉綿座《くれわたざ》商人が三条町・錦小路町・四条町・七条町で営業し、堀川神人が洛中に材木を供給していたのと同じように、室町時代も洛中洛外の経済は一体である。下京の住人と河東の住人は全く同質の都市民である。禁制の立札が立った後も、祇園社領住民が幕府の直轄支配下に入ったわけではない。多数の土倉や無数の職人を抱えた河東祇園社領は、「東山十郷《ひがしやまじゆうこう》」と呼ばれる自治都市連合の一単位になった。東山十郷は粟田《あわた》口《ぐち》・岡崎（旧名白河）・聖護院《しょうごいん》・鹿谷《ししがやつ》・若王子《にゃくおうじ》・吉田など東山一円の自治組織である。十五世紀後半以後、幕府の命令はこの十郷を通じて施行されることになる。洛中の町組と同じ自治組織である。こう見ると境内都市から自治都市への変化は、宗教のヴェールに隠れていた商工民が、次第にその姿を現したものということができる。

時代は自治都市・自治村落の時代になっていた。これらのうち巨大なものが、堺・博多などである。「自治都市」は、イエズス会宣教師の喧伝で世界的に有名になった堺だけではない。中小の自治都市も無数に叢生《そうせい》したのである。

祇園社領と同じような変化を遂げた境内都市は多い。東大寺境内は水門《すいもん》・雑司《ぞうし》・国分《こくぶ》・南院《なんいん》・転害《てがい》・北御門《きたみかど》などからなる東大寺七郷《しちごう》という自治都市となった（門前の中御門《なかみかど》・押《おし》上《あげ》・今小路《いまこうじ》とともに）。前掲（八七頁）の東大寺の地図を参照してほしい。点線内部が東大寺境内都市である。石清水八幡宮の大山崎《おおやまざき》、伊勢神宮《いせじんぐう》の宇治山田は、境内都市がそのまま自治都市に移行した。醍醐寺《だいごじ》境内は「醍醐十保《じつほ》」と呼ばれる十の自治都市連合となった。

次の段階でこの自治都市に一向宗・日蓮宗が浸透して、寺内町となる場合が多かった。坂本に隣接する叡山門前の港湾都市であり、山門使節の護正院《ごしょういん》が奉行人を勤める堅田《かたた》は、蓮如《れんにょ》が移住し本願寺の寺内町となった。南都では興福寺境内都市である奈良町の中心にある中市郷《なかいちごう》が、一向一揆の拠点となった。一方、上京・下京の町組は、本能寺・妙顕寺《みょうけんじ》などに指導されて、法華《ほっけ》一揆を形成した。日蓮宗の境内都市は「法華寺内」と呼ばれる。

†自治組織の由来

自治組織は境内都市と無関係に現れたものではない。自治都市の中心には必ず神社・寺院があり、その祭は一年で最も重要な行事である。祭礼の執行組織を宮座《みやざ》という。ここで祭礼のことだけでなく、自治体の基本政策を決定する寄合が行われる。祇園会の時に開かれた六角堂の寄合が代表的なものだ。多数決による決議など、寺院集会と似た手続きに従って会議は行われる。

一二七一年というから、自治都市の叢生より百年以上も前になる。高野山は諸荘（「荘園」といっても都市も農村もある）の荘官に対して次の命令を出した。

荘官が大夫《たいふ》職《しき》や上座《じょうざ》職の辞令を多数作成して、村中を探索し、嫌がる荘民にこれらの職を押し付け、その対象が「剃刀《かみそり》を当てただけの小法師《こほつし》や引立烏帽子《ひったてえぼし》の小冠者《こかじゃ》」（身分も年齢も低い人々）に及んでいる。荘園が滅びるもとであるからこれをやめよ。ただし大夫・上座職への任官を自ら所望してくるものを任命するのならばよい。

「大夫」「上座」は、室町・戦国時代のあちこちの自治都市・自治村落の宮座に見られる特権的な地位だ。当時は辞令を渡すのと引替えに、任官料を徴収するのが常である。荘官はこれを目当てに、荘民にほしくもない役職を強引に押しつけて、事実上の収奪をした。高野山はこの行為を禁じたが、宮座自体は否定していない。むしろこれらの職にはそれにふさわしい人々、自ら「所望」してくるほどの富と実力の持ち主が就任することを望んでいた。おそらくこの政策はほどほどの有力者を育てて、武士的な荘官を牽制して、勢力のバランスをとるのが目的だろう。境内都市は宮座という自治組織を積極的に育成したのだ。

†四ケ院と町組——有縁か無縁か

一三六二年、高野山領のすべての荘園が、四ケ院《しかいん》と呼ばれる西院《さいいん》・南谷《みなみだに》・中院《ちゅういん》・谷上《たにがみ》の山上の四つの谷ブロックに、鬮《くじ》によって等分に配分された。この四地区は学侶居住地域である。四ケ院は各々独立した権利能力をもつ自治体であった。クジビキによる荘園分配は、一面平等主義的であるが、また同時に配分の理念を欠いた便宜主義でもある。

南北朝末期には、千手院谷《せんじゆいんだに》・往生院谷《おうじょういんだに》・五之室《ごのむろ》・小田原谷《おだわらだに》・蓮華谷《れんげだに》など、行人・高野聖の居住ブロックが政治的に独立し、高野山の運営に参加する。これも「四ケ院」と呼ばれ、本来の四つの院の意味から、地縁的結合をさす普通名詞に変化した。千手院谷は四十四の小寺院で構成され、ほとんどが行人・聖寺である。次第に新興勢力が旧四ケ院を圧倒する。

院の代表役をつとめる子院は「廻院主《かいいんず》」と言われ、一年任期もちまわりの輪番交替制である。特定の院に限られることはなく、ブロックの支配者ではない。任期満了後の残金と院の共有文書は、厳重な校合ののち、後任の廻院主に引継がれた。院は荘園のほか用木・薪を採取する共有の山林も持つ。ブロックごとに、住職のいない中核堂宇がある。谷上院の金剛心院《こんごうしんいん》、千手院谷の千手堂《せんじゆどう》、往生院谷の萱堂《かやどう》などである。精神的なきずなを維持するための施設、院内の平和を祈る町堂《ちょうどう》である。院を精神生活の単位とする住民意識がみられる。高野山の都市共同体は、京の町組より早く、遅くとも十四世紀には機能していた。

さてこの都市共同体は、鎌倉時代の境内都市のあり方と相当異なる性格を持つ。境内都市に変化が兆していたのだ。院々谷々は京の町組、南都の水門郷などの「郷」に相当する定住者の地縁的な組織である。このことと境内都市の無縁的性格との関係はどう捉えられるだろうか。そう、無縁所は有縁への回帰を始めていたのである。

5 都市の無縁性と有縁性

†都市か農村か

自治を行う地域組織は、学界ではかつて「惣村《そうそん》」と呼ばれていた。中世は農業社会だという大前提による。だがこれは誤解で、そのほとんどは自治村落ではなく自治都市である。

ヨーロッパ中世都市は、城壁の中に多数の農民を抱えており、面積の多くを占めるのは農業地域であり、中心部に限り商人・職人が集住していた。収穫期には町中でリンゴ絞りやブドウ圧搾とリンゴ酒・ワインの利酒《ききざけ》が行われる牧歌的な風景であった。日本ではどうか。中世、平安京の大路・小路は田畠となっていた。京料理に欠かせない京野菜は、洛中洛外及びその近郊で栽培されたものだ。戦国時代の『洛中洛外図《らくちゅうらくがいず》』には農作業の場面が描かれる。日本の都市も西欧の都市も、大半は農村的外観を持っているのだ。

農村が実際は都市化しているのに名称が変更されず、「村」と表記されることはざらだ。都市を「惣村」と見誤ったのは、『村』と書いてあればそれはすべて農村だ」という農業中心主義的思い込みに原因がある。江戸時代には「在郷町《ざいごうまち》」という土地区分がある。文書上は「村」と表現されるが、実態は盛んに商売が行われる都市を指す。

その「村」、農村について一言しておこう。今日の村は弥生時代から連綿と続く村落共同体などでは全然ない。同様に都市・村落を構成する「家」にも長い伝統はない。これこそ日本の歴史や伝統に関する「二千年の誤解」というべき大的はずれなのである。「家の歴史」「村の歴史」は室町時代後期に始まるのだ。

古代の村は、国造《くにのみやつこ》出身で律令制下で郡司を勤めた古代豪族の大家族などを代表とする家族とその所有地である。大きなものは百人もの人々からなる。古典的有縁世界といってよいだろう。だがこの村と家は王朝国家の悪政によって跡形もなく破壊された。

続く中世の村は住民の流動性がはなはだしく、村の範囲も確定していなかった。御成敗式目に「村人の去留の自由」という規定がある。村民は年貢さえ完済すれば、その後はどこに行こうが自由であると定められていた。領主からすれば、来年年貢を納める人が誰もいないという困った事態も考えられる。こんな規定が果たして実効していたのかと思われるが、一三一四年、瀬戸内海の製塩の島、東寺領弓削島荘《ゆげのしまのしょう》の荘民は、代官の罷免《ひめん》要求が容れられないのに怒り、本当に「今年分の年貢の塩は納めました。はい、さようなら」と立ち去ってしまった。中世社会は常に移民を生み出す構造になっていた。中世の村の地縁、その有縁性は決して強いものではない。むしろ一種の無縁世界とすらいえる。

自治都市の有縁性――「家」「町」「村」は十五世紀に成立した

自治都市・自治村落を構成する「家」が成立するのはいつか。その前に家とは何によって定義づけられるのか。家とは①世襲の名乗（第○代木村庄之助、などの類）、②世襲の財産、③世襲の家業、などを持ち、永久に続くべき「経営体」である。世襲的な商店を考えればよい。家の成立とは、①②③が固定して変動しなくなることと同義である。それはいつだったのか。これは日本史における最重要問題の一つだ。

近江国今堀《いまぼり》は中世商業の一大中心地で、著名な自治都市である。現在の八日市市にあって、東山道にも琵琶湖にも面した陸上・湖上交通の要衝である。今堀の商人はのちに安土城下町商人の中核となった。一四八九年、今堀に残る文書に、「ユイシ」（養子）に言及した掟が初めて現れる〔内容は七歳以下の養子を認めないということ〕。今堀の西隣にある東山道の宿だった武佐《むさ》では、跡継ぎのない人は養子を取るように、と定めた掟が、一五三九年に現れる。実子がない時は家を維持するために養子をとることが一般化しつつあった。家は直系の血縁で連続している必要はない。木村庄之助と同じだ。町・村の構成単位としての経営体としての家が、都市・村の組織にとって必要なのだ。これが家制度である。ユイシという言葉が現れるから、一四八九年にはすでに家の観念が定着し、また直系による家の維持が、現実的には困難であることが明らかになっていた。とすれば直系相続を建前とする家制度の観念は、これより二、三世代前に成立したと考えられる。庶民〔といっても近畿の富裕層〕の家制度の成立は十五世紀である。当然、家が集まってできた都市や村などの共同体の成立も同じ時だといえる。自由な居留を認める流動性の高い無縁的な都市・村落にかわって、新たなる有縁世界が出現しつつあった。

†自治都市の無縁性

家が集まって構成された自治都市は、境内都市と同様、不入権を獲得し、幕府・守護の検断権を代行し、また自治組織の掟を破る内部の人間を追捕した。当時の言葉で「自検《じけん》断《だん》」という。領主でもない者が不入権をどうやって手に入れたのだろうか。自治組織は守護に毎年「御不入《ごふにゅう》の礼銭」を払っていたのだ。すなわち戦国時代には、不入権は買うことができるものになっていたのだ。守護の領地にも関わらず、守護不入権を保持しているところすらあった（守護不入の守護領、諸役は不入でないが検断は不入、税は取られるが警察権の介入は拒否）。ただし自検断を支えるには、武力と礼銭を支払う財力が必要だ。自治組織が政治的実力を持った過程は、一般の歴史書に書かれているので省く。ただし「惣村」の、農民闘争史として描いているけれども。自治都市は権力からの無縁性を強く保持していた。

†家格制――身分の固定

寄合は自治の根幹を支える会議である。境内都市の一種民主的な集会《しゅうえ》の方式が、自治組織に受け継がれたのである。自治都市は境内都市から生まれた存在なのだ。

だが自治都市が境内都市と決定的に相違する面を強調しておかねばならない。寺院集会の建前は構成員の平等である。ところがこの自治組織は、貧富の差と身分の不平等をそのまま固定しているところが大きく違うのだ。「自由」なのは一部の限られた人々で、「平等」ではないのだ。宮座のメンバーとなり、その地位を保つには、毎年多額の出費が必要で、払えなければ宮座から追放される。自治都市の特権層は、江戸時代の特権層にそのまま血縁でつながる。兵農分離の後、一部は武士になり、一部は本陣や庄屋などになる。家の成立は同時に身分制度の創設をも意味したのだ。

和歌山市の加太《かだ》港は、大和に発し紀ノ川に沿って西へ延びる南海道が瀬戸内海に没し、淡路島を経て四国に向う起点、陸上・海上交通の要衝にある港湾都市である。近世には廻船の基地となる。中世では賀太《かだ》と表記される自治都市で、鍛冶《かじ》・番匠《ばんじょう》・紺屋《こうや》・茶屋・桶屋などの商人・職人が住み、酒屋もある。瀬戸内水軍の一部を構成し、遠洋漁業も行う。NHKが入れた水中カメラの映像によると、海底には十艘以上の中世の貿易船が眠っている。守護不入の守護領として、強い自治権を保持し、紀ノ川河口の自治都市連合の「紀州惣《そう》国《ごく》」(いわゆる雑賀《さいか》一揆)の指導的立場にあった。一五三七年、賀太で宮座の置かれた春日《かすが》神社の神前において、二十三人の名主《なぬし》の「永定《えいじょう》」が行われた。永久に特権身分の名主をこの二十三家に限るという決定であり、特権層の家筋の固定であった。家格差別を恒久化する家格制の成立である。永定名主は、幕末まで賀太の特権身分と認識され続けた。無縁の自治都市に有縁の身分制が発生したのだ。

何でもないことのようだが、身分制を国家でなく、自治都市や自治村落が創設したことは、世界史的に見ても非常に珍しいできごとなのだ。

†境内都市との二股

近江の菅浦《すがのうら》は伊香《いか》郡西浅井《あざい》町にあり、堅田浦《かたたうら》とともに琵琶湖湖上交通の二大中心で、叡山領であった。応仁の乱の際、一四七二年に、叡山から湖上交通を封鎖するよう指示を受けている。戦国時代にはほぼ独立した自治都市であるが、叡山との関係は切れていない。

山門使節護正院は坂本・堅田に子院《しいん》を持ち、同時に五条町前後八町《ごじょうまちぜんごはっちょう》にも家があった。根《ね》来寺《ごろでら》では、泉識房《せんしきぼう》・大威徳院《だいいとくいん》・成真院《じょうしんいん》・泉特院《せんとくいん》などの行人の家が勢力を振っており、土《つち》橋《はし》・岩橋《いわせ》（以上和歌山市）・佐野（泉佐野市）などの周辺地域に分家を持っていた。前二者は、紀州惣国の一員、後二者は和泉の大商人であった。泉特院の分家で和泉の佐野港に住む藤田氏は、根来寺から佐野浦銭（港湾税または漁業税）の徴収権を承認されていた。戦国時代の佐野漁民は五島列島や対馬に進出しているから、この浦銭は莫大なものである。成真院一族の中氏《なかし》は、麴室《こうじむろ》の経営者でもあった。和泉・紀伊各地の随分離れた広い範囲に農地を持つ。農場経営をするならこんな分散した土地の集積は能率的でない。彼らは境内都市の金融業者であり、これらは借金のカタに没収した土地である。

境内都市と寺内町と自治都市、この三者の関係について面白い事例を挙げよう。石山本願寺の顕如《けんにょ》は信長の圧迫を受けて、一五八〇年に大坂を退城し、本願寺は紀州惣国の鷺《さぎ》森《のもり》に移転した。ここに二通の文書が残っている。一通は土橋氏が信長に出した起請文《きしょうもん》で顕如及び信長に違背しないことを誓う。もう一通は根来寺泉識房が同じ内容を、同じ信長に誓った起請文である。泉識房と土橋氏は一族で、政治的に一体である。二通はセットだが罰文《ばつぶん》の賞罰神《しょうばつしん》が異なるのだ。土橋氏の信仰は浄土宗なので、阿弥陀如来と宗祖法然《ほうねん》が賞罰神となる。一方泉識房の起請文の賞罰神は、根来寺の開祖覚鑁《かくばん》と大伝法院《だいでんぽういん》・密厳院《みつごんいん》（根来寺の正式名称）である。同一の家に属する人間が、異なった「神」に宛てて、同一内容の起請文を出している。自治都市の土橋と境内都市の泉識房、さらにいえば浄土宗の土橋氏と新義真言宗の泉識房、さらに一向宗門主顕如と浄土宗門徒土橋と新義真言宗泉識房の三者は、何の矛盾も対立もなく並存しうるのだ。このあたりが、日本思想を考えるとき、一番おもしろいところである。

　無縁世界である境内都市の構成員と、有縁世界である自治都市の構成員は行き来する。僧の家と俗の家は同族なのだ。どれが素顔と断ずることはできない。二股・三股をかける僧侶・武士・商人・職人・地主の存在こそが、過渡期である中世後期社会の本質なのだ。本多正信や三河一向一揆こそ、戦国時代という時代を象徴する存在なのだ。

6　衰退する無縁所

†宗教的権威の低下

無縁所を支えた宗教の権威は次第に低下した。あの九条政基《くじょうまさもと》が都落ちして住んだ和泉国日根野荘《ひねののしょう》で行われた雨乞の様子が彼の日記に記されている。その手順は、①まず神前で能などの芸能を奉納し、神を楽しませて雨を呼ぶ。②雨が降らないならば山伏が雨乞の祈禱を捧げる。③そしてそれでもだめなら、滝壺に鹿の頭や骨といったケガレたものを投げ込み、神を怒らせ雨を呼ぶ、というものである。この儀礼はそれなりに真剣に霊の意を迎えようとするもので、なおざりに行われているわけではない。だが神をわざと怒らせるなどという危険な行為は、それ以前には考えられなかった。どんな大災害が後に続くかわからないではないか……都合よく神を怒らせるという発想、人々が魔術から解放されつつある歴史的過程における一齣である。

戦国時代には、神罰を下さず現世利益《げんぜりやく》を与える七福神信仰が流行する。弘法大師《こうぼうだいし》信仰によって寺を経営してきた東寺では、弘法大師お手作という伝説の大黒天像《だいこくてん》が人気を呼び、この大黒像が新たな信仰対象になる。恐しい賞罰神だった弘法大師は捨て去られ、無邪気な福神信仰にとって替わられた。信仰が移ろいゆく様を見ることができる興味深い例だ。

寺社に対する暴力へのタブーも消滅した。焼討ちは新田義貞《にったよしさだ》・高師直《こうのもろなお》も行ったが、これは戦時の暴走である。意図的な焼討ちの第一号（その威嚇）は、一三六九年に馬借《ばしゃく》一揆が祇園社に乱入し、堂舎を焼き払う構えを見せて幕府に圧力をかけた事件である。ついに寺社に対する暴力が、寺社勢力の特権ではなくなったのだ。この後こういう威嚇が、土一揆の常套戦術になった。応仁の乱の際には、伝説的な足軽、骨皮道賢《ほねかわどうけん》が、寺社に対し放火・略奪をほしいままにした。やはり下層身分の者が最初にタブーから抜け出した。足利義教《よしのり》と細川政元《ほそかわまさもと》も比叡山焼討をした（小規模だが）。無縁所への恐怖は失われていった。信長の比叡山焼討へのレールは敷かれていたのだ。

✝シャッフルの末に

私の考える中世という時代は、一〇七〇年から一五八八年までの約五百年である。他の説も大体これと一致している。この間実に江戸時代の倍の長さがあるのだ。この間の支配者の交替はあまりにも劇しいものであった。下克上は鎌倉時代の御家人制秩序を跡形もなく破壊し、巨大な社会的シャッフルが行われた。斎藤道三《さいとうどうさん》は石清水《いわしみず》の神人《じにん》で油の行商人の出であり、秀吉《ひでよし》が遍歴の針売り商人に出自を持つことは有名だ。なんだ、ただの下克上か、と片付けてはいけない。二人とも有縁の農民ではない。無縁の人の出身であることに注目しなければならない。

本書の舞台

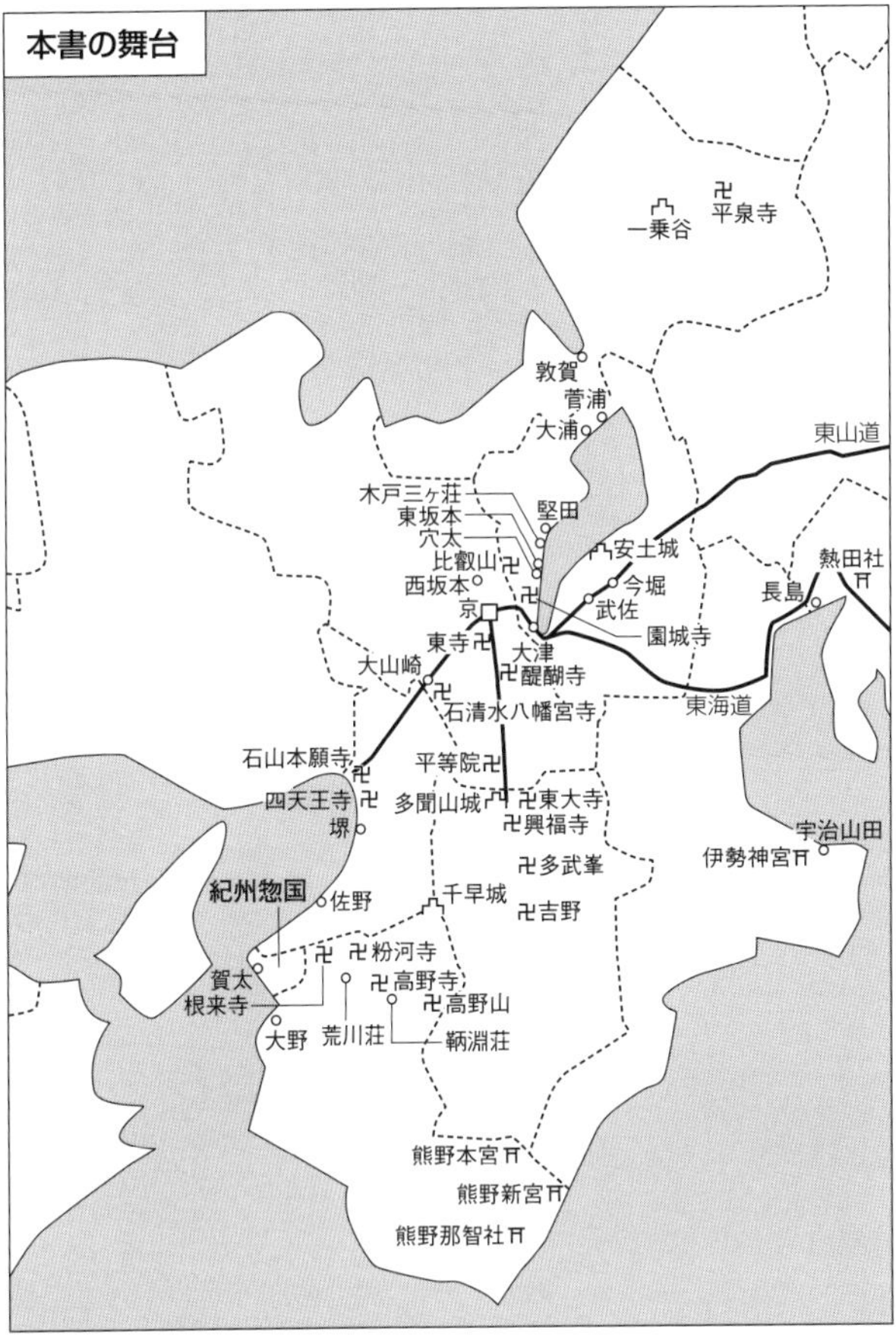

一乗谷
平泉寺
敦賀
菅浦
大浦
東山道
木戸三ヶ荘
東坂本
穴太
堅田
比叡山
西坂本
安土城
今堀
熱田社
長島
京
武佐
園城寺
東寺
大津
大山崎
醍醐寺
石清水八幡宮寺
東海道
石山本願寺
平等院
四天王寺
多聞山城
東大寺
興福寺
堺
宇治山田
伊勢神宮
多武峯
紀州惣国
佐野
千早城
吉野
粉河寺
賀太
高野寺
根来寺
高野山
大野
荒川荘
鞆淵荘
熊野本宮
熊野新宮
熊野那智社

「逆下克上」もあった。土佐中村の大名一条《いちじょう》家は摂関《せっかん》家の傍流であり、飛騨一国を支配した姉小路《あねがこうじ》家は、藤原北家《ほっけ》出身の中級貴族である。彼らは公家という身分を武器に大名になったわけではない。それとは全く別の、自分の実力によってその地位を得たのだ。もとの身分が下でも、あるいは上でも関係ないのだ。いうまでもないことだが、江戸時代は鎌倉武士が復権した時代ではない。幸運に恵まれて、身分と無関係に下克上の時代を乗り切った「武士」によって、新・大名秩序が形成された。有縁世界は液状化したのだ。有縁の権力の世界が流動しはじめると、無縁世界の意味は次第に薄れてくる。院政政権や武家という支配者そのものが全く別の存在となった以上、「権力からの無縁」という境内都市の意義も中途半端なものになってきた。

無縁世界の旅を地図で振返ろう。身分を問わない自由競争、弱肉強食は、戦国時代には有縁世界で起っていたのだ。待てよ……これは無縁世界の原理ではなかったか。

終章

中世の終わり

安土城図（大阪城天守閣所蔵）
中世無縁世界を終焉に追い込んだ信長であるが、その本城の安土城が、信長の焼討にあった無縁所比叡山の職人、穴太衆の手で造営されたことを知る人は少ない。

信長《のぶなが》の天下統一に抵抗した最強の敵は、最初から身近にいた。一向一揆《いっこういっき》である。桶狭間の合戦以前から、信長の領内に半独立的に存在した長島の一向一揆は、比叡山《ひえいざん》焼討、室町幕府滅亡の後も、服属せず抵抗を続け、石山本願寺《いしやまほんがんじ》の遊軍として信長を悩まし、弟の信興《のぶおき》を攻め殺した強敵であった。信長家中にも、家康家中と同じく、無縁・有縁を行き来する「武士」が少なくなかった。信長は長島を、斎藤道三《さいとうどうさん》の孫龍興《たつおき》などの「よき隠れ家」になっていると非難し、一五七四年、男女二万人を焚殺《ふんさつ》する凄惨なジェノサイドにより滅亡させた。

終章では、中世的な無縁世界を壊滅に追い込んだ統一政権の政策を見ていこう。

†比叡山焼討と高野聖の虐殺

無縁所は権力の「敵」の駈込みを、容認というか座視して受入れる。これは積極的な支援ではなく、現状追認的なものである。一五四九年時点では無縁所のご機嫌をとっていた信長だが、天下統一にはこれが障害となる。入京直後から、将軍義昭《よしあき》の御所に山僧が出入りすることに対して嫌悪感をあらわにし、これを禁止した。信長が浅井《あざい》・朝倉《あさくら》氏と交戦状態になった時、彼らは叡山に籠もりここを拠点に京に侵入した。一旦講和が成立し朝倉方は撤退した。状況は玄慧《げんえ》発言のあった後醍醐《ごだいご》天皇の叡山下山直後と全く同じである。信長は「出家の道理により、戦闘中の一方を贔屓《ひいき》することはできない」という叡山に対し、「せめて中立を保ち朝倉方を匿《かくま》うことを止めてほしい」と頼み、無縁所たる叡山に一歩譲歩しようとした。叡山はこれを拒んだ。無縁の原理からすれば当然だろう。

とうとう一五七一年九月一二日に、焼討が決行され、無縁所叡山は破壊された。衝撃的な虐殺であった。だが問題はその後だ。中世では焼失した寺社は、すぐに再建準備が始められるのが常だった。だが信長生存中、叡山の復興は許可されず、復興は秀吉《ひでよし》の時代になってからのことであった。恨み骨髄、というところである。京はついに「叡山門前としての京」という性格を完全に失ったのだ。

南北朝時代と異なって、叡山は軍事的な強敵ではなく、その軍が信長と戦ったこともない。実際に戦闘を交えた強敵の大坂石山本願寺は、殲滅《せんめつ》はされず講和で決着した。現実的には弱きをくじき強きと妥協である。信長の意図は一罰百戒的な無縁所の破壊にあった。

信長は「無縁の人」も排斥した。一五六九年、高野山が信長に敵対する三好《みよし》三人衆に味方し、大和に要害を構築したことを責め、恭順の意を示さなければただちに成敗すると警告した。高野山《こうやさん》の行人《ぎょうにん》政権は、これは一部の高野聖《こうやひじり》がやったことだと弁明したが、信長は城を撤去しないならば、高野聖の行為を高野山全体が容認しているのと同じだと言い張った。信長は聖とその基地との関係、無縁の人と無縁所がゆるやかに連携していることをよく知っており、これを追及したのだ。

一五八一年、信長に反旗を翻した荒木村重《あらきむらしげ》の家人《けにん》が高野山に駆込んだ。従来ならこれで終わりである。だが今回はそのままではおさまらなかった。当時高野山には信長の勢力が及ばず直接攻撃ができなかった。そこで信長は領国を廻国する高野聖千三百八十三人を捕えて虐殺した。敵性の駈込人であれば受け入れは認めない、という新たな原理である。

†刀狩——無縁所の武装解除

寺社の刀狩は政権の悲願であった。院政時代から僧侶が武器を所持することの禁止令が繰り返し出された。一一九九年、叡山は院が発した悪僧《あくそう》取締令に呼応して、兵具禁断の起《き》請文《しょうもん》を出した。高野山では、一二二八年、寺僧の兵具を禁制する幕府法に従い、「大師御《だいしご》遺誡《ゆいかい》」に反する弓矢・兵具の所持を禁じ、子院の一つ一つを捜索し、没収した兵具を集めて大塔《おおとう》の前庭で焼き払った。これを幕府の使者、本間《ほんま》忠家《ただいえ》・賀島《かしま》盛能《もりよし》が見届けた。

一二一三年、叡山で静鑑《じょうかん》という僧が武器を所持していたので、寺官が没収に向った。静鑑は寺官を追い払い傷を負わせた。そこで学侶《がくりょ》が兵を率いて静鑑を追放しようとし、根本《こんぽん》中堂《ちゅうどう》の前で合戦になった。武器を没収するために武器を使用し、その結果合戦になってしまったわけだ。矛盾はあるけれども、寺僧は、一方で武器を手放せないながら、他方で平和領域を保ちたいという観念を、古くから持っていたことがわかる。

小牧・長久手《ながくて》合戦の際、家康《いえやす》が高野山に鉄砲を注文したことは先に述べた。秀吉は家康との和平がなった翌一五八五年、家康に通謀し秀吉の背後を突こうとした高野山・根来寺《ねごろでら》・粉《こ》河寺《かわでら》、及び紀州惣国《そうごく》に苛烈な報復を行った。電光石火の進撃により根来寺・粉河寺は焼き払われ、紀州惣国も全滅に瀕した。続いて高野山を攻撃する予定だったが、高野聖の木食応其《もくじきおうご》が秀吉を宥《なだ》めたため、高野山は焼討ちを免れた。

高野山を降伏させた秀吉は、武具・鉄砲の製作を禁じ、「寺僧・行人以下は、心持をよくして仏事の勤行を専らにすべし」、と命じた後、

天下（秀吉）に対する謀叛人・悪逆人を寺中にかかえおいてはならぬ。道心者《どうしんしゃ》はかまわない。道心者とは、親を殺し子を殺し、主人の用にもたたず、面目も失い、元結いを切った「男」ではない輩《やから》のことである。それなら高野山にいても構わない。

と言った。これは『臨済録《りんざいろく》』の言葉で、禅語だから難解だが、「殺し」とは何もかも捨てて、「親や子との縁さえ切り」の意味である。権力者が期待する無縁の人間像である。頼朝《よりとも》・尊氏《たかうじ》は敵が無縁所に駈込むことをやむを得ず認めた。信長は明らかな敵でなけれ

ば駈込みを一応認めた。秀吉は少しでも敵となる可能性のある人物（無能力でない人）は絶対に認めない。無能力でない人、普通の人は、臣従するか殺されるか、二つに一つだ。秀吉が認める「無縁所」は相対無縁所以下であり、江戸時代の駈込寺とそっくりだ。

征服直後の一五八五年六月に、初めての刀狩令が、高野山及び紀州惣国に対して出された。三年後に全国一律に施行される刀狩令の先駆である。刀狩令は農村の武装解除令として有名であるが、寺社に対しても全く同じものが出されたことは、ほとんど知られていない。高野山に対しては、「兵具・鉄砲を禁止する。仏事の勤行《ごんぎよう》のみに専念せよ」である。紀州惣国に対しては、「弓矢・槍・鉄砲・腰刀を禁止する。鋤鍬《すきくわ》の農具を大事にし耕作だけに専念せよ」であり、全く同じ論理である。

高野山の武器没収の噂を聞いた興福寺《こうふくじ》僧は、本寺も同じようになるのではないかと危惧した。心配は三年後に現実のものになった。刀狩令は、中世の自力救済を否定し、絶対無縁所を支えた武力を、根こそぎ奪う無縁所廃止令でもあった。

無縁所が破壊されたことともに、根本の無縁性、及びそれを支える武力が否定されたことに重要な意義がある。寺社の刀狩は、農村の兵農分離と同じ意味を持つ兵僧分離であり、無縁所の永久否定政策でもあった。私はこの刀狩令発布、無縁所の終わり、一五八八年七月八日を以て中世の終焉、近世の開幕と見る。中世の開幕は、最初に述べたとおり、無縁所の始まり、祇園社の河東占地、一〇七〇年二月二〇日である。

†無縁所とその時代

秀吉の無縁所破壊はこれに止まらない。無縁所の一タイプであった遊女宿、傾城《けいせい》地に対し、京都各地に分散していたものを二条柳町に集め国家管理の下に置いた。また縁切りを繰り返し奉公先を次々替える無縁的な武士を、「牢人」と蔑称して厳しく取り締まった。

落書《らくしょ》は匿名の権力批判文で、院政時代からあり、その言葉は神意の現れとも考えられていた。叡山の嗷訴の際にたびたび流布した。建武《けんむ》政権を批判した二条河原落書が有名である。落書人はあまりしつこく追及されていない。落書は無縁世界の声なき声である。

一五九一年、小田原北《ほうじょう》条氏を滅ぼし、天下統一を完成して、城郭都市に改造するため京の町を取り囲む「御土居《おどい》」造営に着工した秀吉に対し、京童《きょうわらんべ》の痛烈な落書が出された。

石普請・城こしらへもいらぬもの、安土・小田原見るにつけても、
末世とは、別にはあらじ、木の下の猿関白を見るに付ても
おしつけて　ゆへはゆはるゝ　十らく（十楽）の　ミやこ（京都）の内は　一らく（一楽）もなし

十分に、なれはこほるる世の中を、御存知なきは、運の末かな

聚楽第《じゅらくだい》に懸けて「十楽」の語を使い、秀吉を「猿関白」とこき下ろし、その滅亡を予言する。無縁・公界《くがい》・楽の「楽土」たるべき京が有縁の管理社会になりゆく現状を風刺している。聚楽第の門に秀吉を批判する落書が貼られた時、犯人は鼻を削がれ、耳を切られ、車裂き、磔《はりつけ》にあった。秀吉は批判を病的に嫌悪する独裁者であった。

けれども江戸時代になっても落書の伝統は生き続けた。将軍綱吉《つなよし》を「犬公方《いぬくぼう》」、吉宗を「米将軍」と遠慮なく叩いた。落書・落首は小粋な無縁文学であった。

義経の逃避行から始まった本書であるが、思えば遠くに来たものである。中世という時代は五百年に及ぶ。明治維新から今日まで百四十年しか経っていないことを考えよう。こんな気が遠くなるほどの長い時間帯を、十把一絡げに「中世」と呼んでよいのだろうか。何か一貫した特質があるのだろうか。時々の最高権力者たち、白河院《しらかわ》・後白河院《ごしらかわ》・後鳥羽《ごとば》院、頼朝・泰時《やすとき》、後醍醐天皇、尊氏《たかうじ》・義満《よしみつ》、政元《まさもと》・高国《たかくに》、信長・秀吉の共通点は？　同列にならべるのがおかしいほどだ。だが中世の五百年間、一貫した性格を貫き、存在感を示した勢力がある。何だろうか？　それはいうまでもないだろう。

†いつだって無縁世界

無縁所は古代国家の悪政によって国家からはみ出した人々が作ったものだ。確かに王朝国家の地方政治切り捨ては悪政の極であった。だが国家システムというものは、いつだって「悪政」である。国家システムは、全体社会を強引に縁で結ぼうとするが、結びきれず切り捨てられる部分が必ずある。そうである以上、国家は無縁世界を必然的に生み出す存在なのだ。

後醍醐天皇にとってすら、当時目の前にあった国家は、危険を冒してでも縁を切って、一時的にせよ「無縁の人」になりたい衝動を抑えられない厭うべきものだった。後醍醐の挙兵が「主上御謀反」と呼ばれたことを思い出そう。

国家という機械の歪みが根本原因としてある。これが政治亡命者と経済難民の両方を生み出すのだ。駆込みと移民は同じ性格を持つのだが、前者は強い動機に基づく個人単位の移動を基本とし、後者には余儀ない事情による家族単位のそれが多いと思われる。

駆込人には支配者も含まれ、移民には民衆が多い。無縁所は支配者的なのだろうか、民衆的なのだろうか、これが意外に決定しにくい問題なのである。三河一向一揆の両属的武士は、支配者でもあり同時に被支配者でもある。参勤交代する高野山の行人は支配者だろうか、民衆だろうか。「民衆史」の難しいところは、おそらくここ、「誰が民衆か」（どこまでが支配者の手先か）というところにあるだろう。

無縁所の背景の宗教、大師・神輿、時衆などは、仏教思想によって考察すべきではない。縁の世界からのはみ出しを余儀なくされた人々が、身近にあって手っ取り早く頼れ、シンボルとして仰ぎえたものが、寺社の権威だったというに過ぎない。一部の支配層のように、天台宗・真言宗という仏教哲学に惹かれたのではない。手近でしがみつけるものなら、何でもよかったのだ。仏教的色彩で塗られてはいるが、全く別物であろう。無法者の倫理であるつわものの道、武士道類似の思想があったことは先に見た。「窮鳥」は任侠道の理念に近いだろう。そもそも宗教の本質は、縁からはみ出した者がすがるわらなのではなかろうか。それにしても、「王のための神」という地点から、何とも遠くに来たものである。

人間には、縁などより先に、生の生活、生の感情、自然の尊厳がある。これを積極的価値として位置づけたのが自然権思想である。縁切りとは、縁のために損われた人間の自然権を回復しようとする試みの、第一歩としての逃避である。その人々の思いが作り出した、非制度的な制度こそが無縁所なのだ。中世とは無縁所の時代だ。無縁所が息づいていた時代、これこそが中世である。開始は一〇七〇年、終了は一五八八年だ。

おわりに

「境内《けいだい》都市」というのはどうも語感が悪い。よい言葉を思いつかないので使っているが、自分でも気に入っていない。学界では「境内町」と呼ぶ人がいるが、門前町と似た小さな町のイメージがあり、日本の経済センターを呼ぶ言葉としては弱い感じがする。最後になるが読者にお願いがある。よいネームを考えていただきたい。よろしくお願いします。

無縁にまつわるエピソードをいくつか紹介しよう。室町時代に日本を訪れた朝鮮国の使者は、対馬についての記事で「罪人、神堂に走り入らば、則ちまたあえて追捕せず」と記す。彼は無縁所を日本特有のものと見ていたようだが、ヨーロッパ中世の教会都市は境内都市に似ている。ヨーク大司教スクループの武勇、セントポール教会本堂に設けられた奴隷市場、治外法権……無縁所は汎人類的なものだろう。西欧ではアジールと呼ばれている。

ヨーロッパ中世社会の本音を知るには、シェイクスピアの描く世界がヒントになる。「牧師殿、いい気で寺領の増える夢を見る」(『ロミオとジュリエット』第一幕第四場)、子供の頃自分を育てた道化師ウォーリックの、墓地から掘り出された頭蓋骨をからかうハムレットの不感症のポーズ、「戦場へはびりっけつ、ごちそうには真っ先かけて」と言い放つフォルスタッフの現実主義（『ヘンリー四世』第一部）などが思いあたる。

「ヨーロッパ寺社勢力論」（教会政治史）も日本と同じように遅れている。フランス革命前夜、一七八九年、特権身分への課税の可否を問うため、ルイ十六世が百七十年ぶりに招集した三部会では、第二身分の貴族と第三身分の平民が真っ向から対立し、第一身分と呼ばれる僧侶がキャスティングボートを握ることになった。勤労者の年収が三〜四百リーブルであった（ルーブルではない）。第一身分のうち、貴族出身の司教（学侶《がくりょ》？）の年収は四万リーブル、村の司祭（行人《ぎょうにん》？）の年収は七百五十リーブルといわれた。司祭の収入は第三身分と変らない。司祭は司教を第一身分の代表者として選出することを拒み、自らの同僚に投票した。司祭が多く選出され、第一身分は第三身分の平民に同調した。これで身分別の賛否は二対一となり、これが革命を大きく前進させることになった。

中世で唯一「自由即死」でない空間は寺院・神社境内だけである。寺院が救済とヒューマニズムの場であったこともまた明らかだ。障害者が生活できるようになったのは中世が初めてで、小栗判官《おぐりほうがん》の物語など、障害者文学もできた。無縁所の社会福祉施設としての意義は重要だ。島津《しまづ》氏が一五九九年に、秀吉の朝鮮侵略の際の敵味方の戦死者を供養するため高野山《こうやさん》に造立《ぞうりゅう》した「高麗陣《こうらいのじん》敵味方供養塔」も宗教の平等理念を象徴するものだ。

宗教を理解するには、その美点をとりあげるだけではだめだ。安っぽい癒しでもだめだ。もろもろの罪やいたましい残酷を、目をそらさず見つめた末の許しと悟り……オトナの宗教はみなそうでなければならぬ。私は正直言って、罪や死をここまで見つめる勇気はないので、宗教の本質はわからない。だがことは宗教だけだろうか。歴史も、現代に起っている事態も、キレイゴトではない。醜い無惨絵の連続である。本当は歴史家も一般人も、つきつけられた現実から目を背けることはできないはずだ。「見たくない」「あってはならない」と言っているだけでは何も解決しないのだ。現実は、子供には言いにくいことだ。だが、いつかは言わねばならないことだ。事実を見つめる胆力のない大人が言うキレイゴトが最悪なのだ。

感動は無縁の状況にのみ存在する。境内都市が『平家物語《へいけものがたり》』など、感動的な物語を生んだのに対し、御用寺社の文化には見るべきものがない。国家管理の下、葬式仏教となった江戸時代の寺院も、生き生きとした文化を生み出したとはいいがたい。網野善彦は「文学・芸能・美術・宗教等々、人の魂をゆるがす文化は、みな、この『無縁』の場に生まれ、『無縁』の人々によって担われている」と言った。芸術は無縁からしか生まれない。この

「証明」は、カラオケに例を取れば十分だ。

名前きくほどヤボじゃない。まして身の上話など……そうよ。たまたま居酒屋で横にすわっただけだもの……も無い……も無い……も無い。そんな居酒屋で♪

（「居酒屋」作詞阿久悠、作曲大野克夫、JASRAC 出 0808577-801）

無縁性は文学・芸術の絶対条件だ。酒を呑むのは、「無縁」を飲み干して、とりあえず今夜だけ現実世界と縁を切っているのだ。忘年会など有縁の酒がまずいのは当たり前だ。

芸術のアブナいジャンルに、アウトローものがある。義経《よしつね》の部下は弁慶《べんけい》も伊勢三郎義盛《いせのさぶろうよしもり》も盗賊である。弁慶は千本目の刀を奪おうとして義経に（『義経記《ぎけいき》』）、牛若丸は父義朝の供養と称する千人斬りのちょうど千人目として弁慶に出会った（『弁慶物語』）。そして市場の起源のところで触れた清水寺《きよみずでら》の観音《かんのん》縁日の十八日に、中世に唯一の恒常的な橋が架かっていた五条橋で決闘した。ロビンフッドも、ビリー・ザ・キッドほか西部劇のヒーローも、あしたのジョーも、スポットライトを当てられたはみ出しものである。彼らが単なる縁の世界の優等生だったら、誰も共感しないだろう。みんな、無縁の状況で活躍し感動を呼んだわけだ。

無縁とは何か。素顔のままの人間だ、とすまして言いたいところだが、そうはいかない。

縁切りが発生するのは、一旦有縁《うえん》の世界に浸った後のことだ。自然権的価値観とは別に、事実のうえで、人は生まれた時には縁の保護のもとにある。有縁だったことのない人間は一人もいない。それが破綻した後に物語が始まる。かくしてこの問いへの答えは、有縁の定義と縁切りの定義に依存することになる。縁切りに最も鋭く触れた言葉は左である。

愛し、愛されるということを道具（或いは保証）にして生きる世界には、もはや立ち戻れなかった。（中略）家を飛び出し、アウトロウの世界に入ったとき、私の心を表面上支配したのはこのような感情であった。したがって、私は、アウトロウの世界にある組織には一歩も入らなかった

（阿佐田哲也『麻雀放浪記』番外編、文春文庫、傍点引用者）

主人公は、「坊や哲」で最後まで本名が記されることはない。登場人物も、ドサ健、女衒《ぜげん》の達、クソ丸、ドテ子、達磨、タンクロウ……みんな綽名《あだな》で呼ばれ（匿名性）、瞬間の触合いはこれ以上ないほど濃密だが、固定した縁で結ばれることはない。アウトローの組織に入ってしまうと、〈愛し愛される関係ではないが〉、新たな縁に縛られることになる。網野説を前進させるならば、感動は縁切り、有縁と無縁の相克の場、にのみ存在する。

無縁世界で完結してしまうドラマは単なる冒険物語で、大きな感動を呼ぶことはない。

歴史家としての私は、物語に書かれていることなど問題にしない。けれども物語が嫌いかといえば全く逆で、私は物語が大好きである。判官贔負《ほうがんびいき》、これは近年全く失われてしまった美徳だ。「一人勝ち」「勝てば官軍」の思考が蔓延するそんな現代社会に生きるのは辛いことである。人間は誰でも最後はみな敗者なのだ。

本題に戻ろう。江戸時代になると統一政権の成立により、無縁所は駈込寺などの例外を除いて消滅したとされる。だが、無縁を生み出した国家と全体社会のギャップは、果たして解消したのだろうか。解消するなどということがありうるのだろうか。

あちこちにあった傾城町《けいせい》(遊女宿)は、秀吉《ひでよし》の時代に指定の場所に集住させられ、無縁所から国家管理の場に変わった。一六二九年、京都所司代板倉重宗《いたくらしげむね》は、京都市政の基本法「板倉二十一箇条」で、傾城町の喧嘩で切り死にしたものは、理非に及ばず「死に損」と定めた。犯人・被害者のどちらが理であろうと非であろうと、奉行所は犯人を追及しない、勝手に死んだ奴が損だというわけだ。しかしこれは警察権の放棄宣言にほかならない。一定の領域では、依然として、国家権力が「関知しない」ネコの喧嘩扱いの分野があったのだ。中世の自力救済と無縁の影が依然として漂っている。

一方遊女たちに焦点を当てると、貧困のゆえに、少女の頃、北国から、誘拐や人買いまがいの手口で、故郷から切り離され江戸へ連行された遊女がほとんどだ。自由を求めて、などとは到底いえないあまりにも陰惨な境遇である。ナンバーワンの大夫《たゆう》になる可能性はある。また身請けされれば万々歳である。だが多くの遊女にとって傾城町は、窮死が待っている「地獄」である。ジャングルの掟とは、こういう過酷な競争なのだ。ほとんどは若くして死し、死後は、「投込み」にあう。大勢共同の穴に埋められて終わるのだ。幼女期を除いて、一度として有縁であったことのない無縁仏である。状況は第二次世界大戦まで変わらない。貧困地帯から吉原へ、さらに国策とはいえ、吉原から満州へ渡った日本人従軍慰安婦も、移民の延長線上にある。国内移民と国外移民の間に本質的な差異はない。

別の側面を見るならば、吉原大門の中に槍・長刀《なぎなた》を持ち込むことは禁止、茶屋・遊女屋に着いたら、武士も両刀をここに預けて遊興することになっていた。「武士の魂」武器所持特権の象徴である刀を取り上げられる。無縁所の平和領域の遺産であり、有縁の中核である身分もここでは消滅する。元禄《げんろく》以後は武士より大商人が幅をきかす。遊里は華やかで自由奔放な文化を生み出した場で、文化センターであった無縁所と共通の特徴を持つ。

難民とまではいえないし、故郷と完全に縁を切ったわけではないけれども、戦後の日本人も東北・北陸から東京への集団就職を経験した。二男以下が多い。この人たちの体験談は今でも聞くことができる。冷戦構造による未曾有の高度成長という順風が吹いたのは幸運だった。ただし成功者ばかりではない。当時はみんな、故郷に帰らない覚悟で上京した。

無縁・公界・楽とは、住んでいた有縁世界と縁を切り、都市や辺境・海外に流れ出てジャングルの掟に支配される苦界《くがい》（公界）に身を置き、自由という楽を得る一連の過程である。時代は変転し、新たなる縁の世界もまた解体する。全体社会が拡大し国家がそれに追いつかない状態は、これからは世界規模で出現する。それよりも、人間の全ての感情、全存在を、縁……国家・会社など……が、コントロールする時代など決して来ないだろう。変動期のたびに形を変えた無縁が現れる。今日では、無国籍なグローバル性と匿名性を持ち、自由と無法があふれ、時として精神的な駆込みの場ともなり、善と悪とに満ち満ちたインターネット世界が、無縁の状況にあるだろう。ネットは従来なかった文化を確かに生み出している。結論はやけに平凡なものになってしまうが、こういう「平凡」はいつも再確認すべき原点だろう。この力学は未来永劫に働くだろう。無数の敗者を生み出しながら……

ちくま新書
734

寺社勢力《じしゃせいりょく》の中世《ちゅうせい》
――無縁《むえん》・有縁《うえん》・移民《いみん》

二〇〇八年八月一〇日　第一刷発行
二〇二一年四月二〇日　第四刷発行

著　者　伊藤正敏（いとう・まさとし）
発行者　喜入冬子
発行所　株式会社 筑摩書房
東京都台東区蔵前二-五-三　郵便番号一一一-八七五五
電話番号〇三-五六八七-二六〇一（代表）
装幀者　間村俊一
印刷・製本　株式会社 精興社
本書をコピー、スキャニング等の方法により無許諾で複製することは、法令に規定された場合を除いて禁止されています。請負業者等の第三者によるデジタル化は一切認められていませんので、ご注意ください。
乱丁・落丁本の場合は、送料小社負担でお取り替えいたします。
© ITO Masatoshi 2008　Printed in Japan
ISBN978-4-480-06435-6　C0221

ちくま新書

595
歴史探索の手法
——岩船地蔵を追って
福田アジオ
一体の地蔵の発見から探索の旅が始まった。調べていくと、江戸中期の享保四年に村から村へ地蔵が送られた驚愕の事実が明らかに。大人のための実践的歴史入門。

601
法隆寺の謎を解く
武澤秀一
世界最古の木造建築物として有名な法隆寺は、創建・再建の動機を始め多くの謎に包まれている。その構造から古代史を読みとく、空間の出来事による「日本」発見。

591
神国日本
佐藤弘夫
「神国思想」は、本当に「日本の優越」を説いたのだろうか？　天皇や仏教とのかかわりなどを通して、古代から近代に至る神国言説を読み解く。一千年の精神史。

618
百姓から見た戦国大名
黒田基樹
生存のために武器を持つ百姓。領内の安定に配慮する大名。乱世に生きた武将と庶民のパワーバランスとは——。戦国時代の権力構造と社会システムをとらえなおす。

682
武士から王へ
——お上の物語
本郷和人
日本中世の「王」は一体誰か？　武士＝御家人の利益を守るために設立された幕府が、朝廷に学び、みずから統治者たらんとしたとき、武士から王への歩みが始まった。

681
サムライとヤクザ
——「男」の来た道
氏家幹人
幕末に旗本達はいったい何をやっていたのか？　戦士の作法「男道」から役人の作法「武士道」への変質を裏づけ、武士と任侠の関係から読み解く、「男」の江戸時代史。

702
ヤクザと日本
——近代の無頼
宮崎学
ヤクザはなぜ存在する？　下層社会の人々が生きんがために集まり生じた近代ヤクザ。格差と貧困が社会に亀裂を走らせているいま、ヤクザの歴史が教えるものとは？